Die anderen Leben

Sabine Michel / Dörte Grimm

DIE ANDEREN LEBEN

Generationengespräche OST

Mit Fotografien von Ute Mahler

be.bra verlag

Dieses Buch ist entstanden in Zusammenarbeit mit
Förderband e.V. Kulturinitiative Berlin

Gedruckt mit freundlicher Unterstützung der
Bundesstiftung zur Aufarbeitung der SED-Diktatur

Bibliografische Information der Deutschen Nationalbibliothek
Die Deutsche Nationalbibliothek verzeichnet diese Publikation
in der Deutschen Nationalbibliografie; detaillierte bibliografische
Daten sind im Internet über http://dnb.d-nb.de abrufbar.

Alle Rechte vorbehalten.
Dieses Werk, einschließlich aller seiner Teile, ist urheberrechtlich geschützt.
Jede Verwertung außerhalb der engen Grenzen des Urheberrechtsgesetzes ist
ohne Zustimmung des Verlages unzulässig und strafbar. Das gilt insbesondere
für Vervielfältigungen, Übersetzungen, Mikroverfilmungen, Verfilmungen
und die Einspeicherung und Verarbeitung auf DVDs, CD-ROMs, CDs, Videos,
in weiteren elektronischen Systemen sowie für Internet-Plattformen.

© be.bra verlag GmbH
Berlin-Brandenburg, 2020
KulturBrauerei Haus 2
Schönhauser Allee 37, 10435 Berlin
post@bebraverlag.de
Lektorat: Gabriele Dietz, Berlin
Umschlag und Satz: typegerecht berlin (Titelfoto: © Sabine Michel)
Fotografien im Innenteil: © Ute Mahler / OSTKREUZ, aus der Serie »Zusammenleben«
Schriften: Minion Pro, Seravek
Druck und Bindung: FINIDR, Český Těšín
ISBN 978-3-89809-179-4

www.bebraverlag.de

»Dies ist ein Buch, dem jeder sich selbst hinzufügt.
Beim Lesen schon beginnt die Selbstbefragung.«

Christa Wolf
im Vorwort zu »Guten Morgen, du Schöne« von Maxie Wander

Inhalt

Vorwort — 11

»Du lernst, nicht weiter nachzubohren«
Annett und Klaus-Dieter — 21

»Der Druck wird immer größer, immer Jagd, immer präsent sein«
Michael und Gerd — 41

»Ich wollte, dass du ein glückliches Kind bist«
Anja und Ingrid — 55

»Ich hatte dann noch einige Männer«
Sandra und Annegret — 73

»Ich fühle mich nicht wie ein Nazi«
Simon, Dirk und Josephine — 89

»Es braucht ein Dorf, um ein Kind zu erziehen«
Mara und Dietmar — 103

»Ich war schon sehr kritisch durch meine Mutter«
Katrin und Brigitte   117

»Ich bin in diesem Land nicht zu Hause«
Mirko und Herbert   135

**»Dass sie einfach mal sagt,
das hast du aber gut gemacht«**
Kristina und Sibille   151

»In unserer Generation ist das nicht das Gefühl«
Susann und Monika   169

Zu den Fotografien von Ute Mahler   185
Glossar   187
Dank   196
Die Autorinnen   197

Unseren Kindern, die uns Fragen stellen werden.

Sabine Michel & Dörte Grimm

Vorwort

Seit dem Mauerfall und der Wiedervereinigung stehen Menschen mit ostdeutschen Biografien vor den Herausforderungen einer gesamtdeutschen Gegenwart, die in ihrem identitätsstiftenden Selbstverständnis noch immer zu begreifen ist.

Mit der rasanten Installation westdeutscher Strukturen nach 1990 ist die Auseinandersetzung mit der Zeit des Lebens in der DDR sowohl gesellschaftlich als auch innerhalb der Familien weitgehend ausgeblieben. Wenn es Auseinandersetzungen mit der DDR-Vergangenheit gab, dann oft aus westdeutscher Sicht, die viele Ostdeutsche nicht als die ihre empfanden und in der ihr Anderssein meist als minderwertig und selbst verschuldet behandelt wurde. Dass die Zeit nach 1989 nicht nur Öffnung und viele Möglichkeiten, sondern auch massive persönliche Einschnitte für jeden Einzelnen bedeutete, fand lange kaum Eingang in die gesamtdeutsche Erzählung.

Im »Jahresbericht zum Stand der Deutschen Einheit« heißt es 2019, dass sich über die Hälfte der Ostdeutschen als Bürger zweiter Klasse fühlen. Die letzte Bundestagswahl hat auch im Osten des Landes schockierende Wahlergebnisse hervorgebracht. Die demokratischen Strukturen der Bundesrepublik werden von einem erheblichen Teil der Bevölkerung als hohl empfunden und eine fremdenfeindliche, nationalistische Partei feiert Erfolge.

Aus Sicht des Westens sollte die Wende 1989 den Osten in die westliche Wertegemeinschaft integrieren. Droht das zu scheitern? Im Osten haben sich das Erbe zweier Diktaturen und die Kränkung der Nachwendejahre in einem Teil der Gesellschaft zu einer demokratieskeptischen Haltung vermischt, die sich nun gegen den nächst »Schwächeren«, die Geflüchteten, das »Fremde« entlädt. Fragen nach dem Warum und Woher werden lauter und dringender. Wir brauchen generationenübergreifende, ehrliche Gespräche, die an die »DNA« Ostdeutschlands herangehen, in deren Diversität sich jede und jeder wiederfinden kann und die mit Schlagwörtern wie Stasi, Unrechtsstaat, Täter und Opfer nicht zu fassen sind.

In einer Szene ihres Dokumentarfilms »Zonenmädchen«, der ihren und den Werdegang ihrer Schulfreundinnen vor und nach dem Mauerfall skizziert, sitzt Sabine Michel mit ihrer Mutter an einem Tisch. »Nicht mal mir hast du erzählt, dass dein Vater Nazi war«, sagt sie zur Mutter. Die antwortet: »Wie willst du denn dann dastehen! (…) Hat eben auch fest gemacht. Hat eben auch härter gemacht. Ich war ein überängstliches Kind und ich wollte so sein wie die anderen.«

Diese Antwort ist ein exemplarischer Ausdruck der DDR-spezifischen Vereinnahmung des Privatlebens. Michels Eltern sind in der DDR mit ihren antifaschistischen und internationalistischen Idealen sozialisiert worden, haben die Wende als Lehrer durch- und überlebt und sind seit nunmehr dreißig Jahren offiziell Bundesbürger. Sie haben ihre Tochter liebevoll und ganz im Sinne der familiarisierten Struktur des sozialistischen Staates erzogen. Eine Auseinandersetzung mit ihrem Leben in der DDR hat bis heute nicht stattgefunden. Eine Kommunikation der Tochter mit ihren Eltern über den wirklichen DDR-Alltag als Fortwirken und ständige Neukonsolidierung autoritärer hierarchischer

Strukturen mit wenig Toleranz gegenüber Veränderungen oder Neuerungen, über einen Antifaschismus als Teil der DDR-Staatsideologie und damit als Loyalitätsfalle und über den Versuch des Einzelnen, sich damit irgendwie zu arrangieren, ist immer noch schwer. Diese Filmszene war für Sabine Michel der Beginn der Auseinandersetzung mit der generationenübergreifenden andauernden Sprachlosigkeit in Ostdeutschland.

Dörte Grimm hat an der Seite ihrer Mutter in den Neunzigerjahren den Niedergang und Abbau eines großen Textilbetriebes miterlebt. Der Obertrikotagenbetrieb »Ernst Lück« in Wittstock ist durch die Dokumentarfilme von Volker Koepp bekannt geworden. Hier haben einmal 2 800 Menschen gearbeitet; 1992 wurde der Betrieb eingestellt. Dörte Grimms Mutter musste damals als Produktionsleiterin mehrere Hundert Arbeiterinnen und Arbeiter kündigen. Sie tat es, gegen ihre Überzeugung, und wurde dafür von ihren ehemaligen Kollegen und Kolleginnen angegriffen. Am Ende verlor sie selbst ihre Arbeit. Dieser doppelte Schmerz wirkt bis ins Heute; Kommunikation darüber ist emotional und schwierig. Als 2018 anlässlich des fünfzigsten Betriebsjubiläums das Wittstocker Museum die Türen zu einer Ausstellung öffnete, stellte man fest, dass das betriebseigene Archiv verschwunden war. Von fünfzig Jahren Betriebsgeschichte blieb kaum etwas; nichts, worauf man stolz verweisen, den Kindern erzählen konnte.

Dörte Grimm war zwischen 2016 und 2018 Vorsitzende des Vorstands der »Perspektive hoch drei«. So nennt sich eine Gruppe jüngerer Ostdeutscher der »Dritten Generation Ostdeutschland«, die sich vor zehn Jahren zusammentaten, als sie merkten, dass der Diskurs über Ostdeutschland medial und gesellschaftlich fast ausschließlich von Westdeutschen geführt wurde. Das wollten sie ändern, um Erfahrungen und Wissen von und über diese Generation in der gesamtdeutschen Gesellschaft in den Blick zu nehmen. Dörte Grimm drehte über Vertreter ihrer eigenen Generation einen Dokumentarfilm: »Die Unberatenen. Ein Wendekinderporträt«. Als sie den Film, in dem auch persönliche Archivaufnahmen ihrer Kindheit zu sehen sind, ihren Eltern zeigte, verließen beide wortlos das Zimmer. Auch hier: Gefühlsstau.

Wenn der Staat DDR kritisiert wird, fühlen sich oft auch die Menschen kritisiert, die in ihm gelebt haben. Das macht Gespräche, auch innerhalb von Familien, über ihr Leben in der DDR so schwierig. Wenige Fragende nehmen eine Differenzierung zwischen Staatsform und alltäglichem Leben vor, aber auch nur wenigen Antwortenden gelingt es, eine Distanz zwischen eigenem Leben und dem Land, in dem sie gelebt haben, herzustellen.

In diesem Buch dokumentieren wir zehn Dialoggespräche zwischen ehemaligen »Wendekindern« – den zwischen 1970 und 1985 in der DDR Geborenen – und ihren Eltern. In ihnen kommen Menschen zu Wort, die von bis zu drei deutschen Staats- und Gesellschaftsformen geprägt wurden. Sie tauschen sich mit ihren Kindern aus und beginnen so auf ganz individueller Ebene eine Auseinandersetzung mit der eigenen Geschichte. Wohl wissend, dass es *das* Wendekind und *die* Eltern nicht gibt, haben wir Familien aus möglichst unterschiedlichen politischen, beruflichen und sozialen Schichten der DDR und heute der BRD ausgewählt – Familien aus Staats- und Kirchennähe sowie in verschiedenen Familienkonstellationen: eine alleinerziehende Lehrerin, die Mitglied der SED war; ein damals parteiloser LPG-Mitarbeiter; ein ehemaliger Major des Ministeriums für Staatssicherheit, heute erfolgreicher Mitarbeiter einer Bonitätsprüfstelle; eine Verwaltungsmitarbeiterin aus oppositionellen kirchlichen Kreisen; eine gelernte Löterin, die heute als Gebäudereinigungskraft arbeitet; eine Psychologin; eine Immobilienverwalterin, die SED-Mitglied war und sich heute »Reichsbürgerin« nennt – im Gespräch mit ihren Kindern, die Taxifahrer und Soldat der Bundeswehr sind; Kinder, die lange im Ausland lebten; Kinder, die den elterlichen Betrieb übernahmen; Kinder, die sehr erfolgreich alle Chancen für sich zu nutzen wussten; Kinder, die heute noch in Umschulungen stecken, und Kinder, die nicht mehr mit ihren Eltern reden können. Der Anspruch auf eine wie auch immer geartete »Vollständigkeit« wird nicht erhoben.

Insgesamt gestaltete es sich nicht einfach für uns, Familien zu finden, die miteinander ins Gespräch kommen wollten. Theoretisch wussten wir um die Hürden aus unseren eigenen Familien, doch wie schwer es tatsächlich fast allen fallen würde, sich zu erinnern und über diese Erinnerungen zu reden, ohne zu streiten, hat uns sehr berührt. Deshalb haben wir uns für eine Anonymisierung der Gesprächspartnerinnen und -partner in diesem Buch entschieden. Sie tragen hier andere Namen als im Leben. Wir haben überzeugt und ermutigt, waren aber auch immer wieder mit Absagen konfrontiert, manchmal erst kurz vor dem Gespräch. So dauerte es länger, als wir dachten, bis wir die zehn Gespräche geführt hatten. Sie fanden in allen Teilen Deutschlands statt. Was fast alle Familien miteinander verbindet, ist, dass diese Art von Dialog über ihre Vergangenheit zuvor noch nie stattgefunden hatte.

In der öffentlichen Nachwende-Auseinandersetzung erhielt der Osten lange Zeit ein einseitiges Image, das die negativen Folgen des Umbruchs in den Mittelpunkt stellte. Wendekinder erlebten, dass der gesellschaftliche Diskurs über ihre Eltern vor allem negativ belegt war und ist. Ostdeutsche galten und gelten oft immer noch als Jammerossis, schlimmstenfalls wurden sie als SED-Hörige oder Stasispitzel verunglimpft. Darüber zu reden schien lange die Scham über eigene Verfehlungen und die erlebten Ungerechtigkeiten zu vertiefen. Die Familien schweigen oft bis heute, doch in ihrem Schweigen wächst die Wut. Exemplarisch dafür untersuchte Sabine Michel für ihren Dokumentarfilm »Montags in Dresden« Biografien im Epizentrum der seit 2014 stattfindenden Pegida-Demonstrationen.

Obwohl wir beide Filmregisseurinnen sind, haben wir uns für diesen Gesprächsband entschieden, das Medium zu wechseln. In unseren Dokumentarfilmen verstehen wir uns als Interpretinnen einer Gegenwart, wie wir sie wahrnehmen. Auf dem Papier hingegen steht das gesprochene Wort im Zentrum der Aufmerksamkeit, verdichtet sich die Essenz der Botschaft noch einmal in anderer Form – das hat uns gereizt. Die Gespräche werden begleitet von möglichst genauen Beschreibungen der Familien und unseren Beobachtungen und Erinnerungen an ihre Zusammentreffen. Das Eigentliche, das Wesentliche durchscheinen zu lassen, die Eltern und Kinder in ihrem jeweils Besonderen zu erkennen, darum ging es uns. Der Stil eines klassischen Gesprächsbandes wird so aufgebrochen, Impulse unserer filmischen Arbeiten fließen ein und ergänzen den sachlichen Informationsgewinn.

Um in die Zukunft blicken zu können, müssen wir die Vergangenheit begreifen. Basierend auf unseren beruflichen und privaten Erfahrungen des generationenübergreifenden Dialogs und in der Tradition der Oral History, haben wir versucht, Familien in die direkte konfrontative Auseinandersetzung eintreten zu lassen. Wir hoffen, dass diese komplexen Gespräche den Blick auf die DDR-Bevölkerung, die bis heute häufig als homogene Masse wahrgenommen wird, weiten und ein tieferes Verstehen der gegenwärtigen gesamtdeutschen Pluralität ermöglichen werden. Das individuelle Selbst-Begreifen kann so als eine bis in die Gegenwart notwendige innerfamiliäre Herausforderung sichtbar werden, die private und gesellschaftliche Beziehungsmuster und -brüche widerspiegelt, die exemplarisch sind für die Suche nach einem gesamtdeutschen kollektiven Selbstverständnis. Die Gespräche geben Einblicke in Familien und damit in die »Seele« Ostdeutschlands. Sie erzählen von alten und neuen Sehnsüchten, Dazugewonnenem, Verlusten, aber auch von alten und neuen Ängsten und Enttäuschungen. Dafür haben wir überwiegend Eltern und Kinder mit komplizierteren Geschichten und eher schwierigerem Zugang zueinander ausgewählt. Natürlich gibt es viele ostdeutsche Familien, in denen die Generationen gut miteinander kommunizieren. Für dieses Buch erschien es uns wertvoll, darauf aufmerksam zu machen, welche Hürden und Probleme es zu bewältigen gilt und mit welchen Spätfolgen von insgesamt drei deutschen Staatsformen, Mauerfall, Transformation und Nachwendezeit wir es heute zu tun haben.

Die in diesem Buch wiedergegebenen Gespräche können als individuelle Möglichkeit und als Ermutigung verstanden werden, in den Familien neu und ohne Vorwürfe miteinander das Gespräch zu beginnen. Bestenfalls sind sie Handwerkszeug, um aktuelle politische Entwicklungen in Ostdeutschland »anders zu lesen«, zu verstehen und beeinflussen zu können.

Sabine Michel und Dörte Grimm
April 2020

»Du lernst, nicht weiter nachzubohren«

Annett (*1971) und Klaus-Dieter (*1951)

Sabine Michel

Ich bin lange mit dem Zug gefahren, zweimal umgestiegen. Annett holt mich vom Bahnhof ab. Sie ist kleiner, als ich dachte, mit gewellten dunklen Haaren und warmen, ebenfalls dunklen Augen. Wir fahren noch einmal fast zwanzig Minuten in ihrem familienfreundlichen Kombi. Unser Ziel: ein Dorf in Westdeutschland mit typischen Einfamilienhäusern und gepflegten Gärten. Ab und an ein Auto auf der Gegenspur. Vor dem Haus stehen Kinderfahrräder, Roller und Spielzeug liegen über die Wiese verstreut. Es ist still, ein warmer Sommerabend. Die Schwalben fliegen hoch.

Annett und ihr Mann Dirk haben drei Kinder. Die beiden haben sich Anfang der Neunzigerjahre beim Lehramtsstudium in Annetts Heimatstadt Dresden kennengelernt. Er war damals einer der ersten Studenten aus den alten Bundesländern. Nach Studienende ziehen beide nach Westdeutschland, Annett will auf keinen Fall in Dresden bleiben. Sie arbeiten als Lehrer, Dirk wird Schuldirektor und erhält das Angebot einer Auslandstätigkeit in Asien.

Die kalligraphischen Zeichnungen an den Wänden erzählen von dieser Zeit. »Ich wollte immer ganz weit weg, nicht ein bisschen Fremde, sondern ganz fremd«, erzählt Annett. Asien ist ein Traum für sie. Einziger Wermutstropfen: Annett findet selber keine Arbeit, bleibt zu Hause und kümmert sich um Kinder und Haushalt. »Anfänglich war das absurd für mich. Ich bin doch in der DDR damit aufgewachsen, dass alle Frauen selbstverständlich arbeiten und ihr eigenes Geld verdienen. Für meinen Mann war das normaler, dass ich zu Hause blieb.«

Annett braucht fast ein Jahr, um sich in diese für sie neue Art des Zusammenlebens hineinzufinden und die angenehmen Aspekte genießen zu können. Annett und Dirk leben mit ihren ersten beiden Kindern vier Jahre im Ausland. Als sie zurück in Deutschland sind, bekommen sie noch ein Kind. Die Jüngste ist jetzt drei Jahre alt. Heute arbeitet Annett wieder mit halber Stundenzahl als Lehrerin. Als ich sie wegen eines Gesprächs mit ihrer Mutter oder ihrem Vater angesprochen habe, hat sie lange gezögert.

Annett wächst mit ihrer berufstätigen Mutter und ihrem Stiefvater in Sachsen auf. Ihre Mutter arbeitet in der Verwaltung, er als Polizist; beide sind Mitglied der SED. Ihr leiblicher Vater lebt in Berlin und arbeitet im Ministerium für Staatssicherheit. Auch Annetts Mutter beginnt drei Jahre vor dem Mauerfall für die Staatssicherheit zu arbeiten. Nach dem Mauerfall wird sie arbeitslos und alkoholkrank und ist es bis heute. Ihr Stiefvater ist nun in einem Wachunternehmen tätig. »Ich konnte mich nie richtig auf meine Mutter verlassen. Es war für Momente schön und dann war sie wieder abwesend und ausschließlich mit sich beschäftigt. Hier hat sie uns noch nie besucht.«

Wir stehen in Annetts und Dirks Garten, schauen auf das angrenzende Feld. Der Mauerfall kommt überraschend für sie und stellt Annetts bisheriges Leben auf den Kopf. Annett wird für kurze Zeit Mitglied der PDS, der Nachfolgepartei der SED.

»Mehr aus Trotz, als immer mehr Leute für die schnelle Wiedervereinigung und die D-Mark auf die Straße gingen. Eine kurze Episode. In der DDR wäre ich sicher irgendwann in die SED eingetreten. Ich habe nichts kritisch hinterfragt. Ich war aktiv als FDJ-Sekretärin und bin dann auch kurz vor der Wende noch zum FDJ-Treffen in Berlin gewesen.«

Schon vor ihrem Asien-Aufenthalt haben Annett und ihr Mann dieses Haus gebaut. Es sticht unter den anderen Einfamilienhäusern im Ort heraus, ist höher, mit ungewöhnlichem Grundriss und sehr großen Fenstern. Von einem Flur, in dem viele Schuhe, vor allem Kinderschuhe, bunt durcheinanderliegen, gelangen wir über eine Treppe in den Wohnbereich, einer Art kombiniertem Küchen- und Wohnraum; ein großer Tisch steht einladend in der Mitte. Blickfang ist ein großes Fenster, das sich nicht öffnen lässt, aber eine weite Aussicht in die Landschaft erlaubt. Ich muss an eine Kommandozentrale denken. Den Überblick behalten.

Als Annett Mitte der Neunzigerjahre als Lehramtsanwärterin ihr Vorstellungsgespräch im Bildungsministerium in S. hat, wird sie von den westdeutschen Beamten gefragt: »Als Sie studiert haben, wurde der Lehrstuhl für Anglistik in Dresden gerade erst aufgebaut, meinen Sie denn, dass Ihre ostdeutsche Ausbildung den Standards entspricht?« Die Frage haut sie damals um. An ihrer westdeutschen Schule ist sie die erste Ostdeutsche und sechsundzwanzig Jahre alt. Der Altersdurchschnitt bis dahin: über fünfzig, vorwiegend Männer und ausschließlich Westdeutsche.

Annett kauft sich damals ein Paar Doc Martens, findet das schick zu Kleidern. Vielleicht hat sie auch das Gefühl, auf sicherem Fuß stehen zu müssen, um sich zu behaupten. Einer ihrer Kollegen sagt zu ihr: »Ja, die Kollegen aus dem Osten kommen gleich mit den Springerstiefeln, das passt ja!« Heute fühlt sich Annett nicht mehr fremd hier. Ihre Kollegen aus dem Westen – mittlerweile sind sie alle mehr oder weniger so alt wie sie – denken ähnlich über die Welt. Die Wende ist dabei eine sehr abstrakte Angelegenheit. Manche von ihnen waren bis heute nicht im Osten, höchstens mal in Berlin. Und für Annett ist der Osten mittlerweile auch weit weggerückt.

»Die Bundesrepublik Deutschland ist meine Heimat, aber ich wüsste, ich könnte auch woanders leben. Die Erfahrung habe ich schon gemacht. Aber hier bin ich angekommen. Ich bin anerkannt und ich merke auch, dass etwas zurückkommt. Wir haben so viel in unserer Hand. Ich habe eine Aufgabe: dass ich den Schülern klarmachen muss, wir leben in keiner sicheren Welt, die ist nicht von alleine sicher. Aber ihr könnt es steuern. Umweltfragen gehören dazu, aber auch Bildung. Ich habe ein paar Flüchtlingskinder in der Klasse und erlebe die zielstrebiger als manch andere. Ich versuche, die zu unterstützen. Ich sehe mich da in der Verantwortung. Wenn der Kapitalismus keine Lösung ist, der Sozialismus ist es auch nicht.«

Annett hat nach anfänglichem Zögern einem Gespräch mit ihrem leiblichen Vater, Klaus-Dieter, zugestimmt. Klaus-Dieter wurde 1951 geboren. Seine Mutter war Weberin und Mitglied der SED, sein Vater arbeitete in drei Schichten in der Wismut, im Uran-Abbau. Klaus-Dieter wird zu Protokoll geben: »Ich brauchte kein Geld, um meinen Traum vom Studieren, Sportsegeln und Motorradfahren zu erfüllen.«

Das DDR-System wird in seiner Familie als sozial und gerecht empfunden. Schon während des Abiturs wird Klaus-Dieter Kandidat der SED und studiert anschließend Informationsverarbeitung. Nach dem Studium wird er im Ministerium für Staatssicherheit in der Abwehr Wirtschaftsspionage eingestellt. Für ihn eine schlüssige Entscheidung.

Annett steht vor dem großen Fenster und schaut auf die langsam dunkel werdende Landschaft. Welchen Einfluss hatte die berufliche Entwicklung ihres Vaters damals auf Annett? Ihre Eltern lernen sich auf der EOS kennen und trennen sich kurz nach dem Studium. Da ist Annett zwei Jahre alt. Ihr Vater zieht nach Berlin, ein Karriereschritt nach oben. Er leitet dort eine Hauptabteilung. Mit seiner zweiten Ehefrau hat er noch drei Kinder bekommen.

Annett hat trotzdem regelmäßig Kontakt mit ihm. »Ich habe ihn damals als in sich ruhenden, sehr selbstbewussten Mann erlebt. Er hat dem Staat DDR vertraut, an das System geglaubt, so wie ich auch. Und das erschien mir absolut glaubwürdig. Mängel wurden als etwas in naher Zukunft Abzustellendes benannt. Über seine und meiner Mutter Tätigkeit bei der Stasi habe ich nicht nachgedacht und es auch nicht hinterfragt. Du lernst, nicht weiter nachzubohren. Nach dem Mauerfall meine Mutter darauf anzusprechen, endete eigentlich immer in einer sehr emotionsgeladenen Situation, weil sie meinte, sie müsse sich jetzt rechtfertigen und verteidigen. Ich wollte sie irgendwann nicht mehr in diese Situation bringen. Die Wende hat beide ins Wanken gebracht. Dann stellst du solche Fragen nicht.«

Es ist dunkel geworden. Annetts Vater wird morgen aus einer Stadt im Osten anreisen und, sicher pünktlich um zehn Uhr, an ihrer Tür klingeln. Freut sie sich auf das Gespräch? Klaus-Dieter steht kurz vor der Pensionierung und hat sehr eigene politische Ansichten entwickelt, die Annett stark irritieren. »Von Verschwörungstheorien erzählt er mit einem gewissen Sendungsbewusstsein, Pegida und Putins Politik steht er wohlgesonnen gegenüber. In letzter Zeit denke ich immer öfter, dass unser Leben in der DDR und die Jahre danach doch viel mit unserem Leben heute zu tun haben. Dass es längst nicht so vergangen ist, wie es mir lange in meinem Alltag hier tief im Westen schien. Das ist ein starker Impuls für mich, dieses Gespräch mit ihm zu führen. Für mich liegt die Zeit in der DDR wie unter Glas. Ich schaue darauf, ich sehe mich auch, aber ich komme nicht ran.«

Es ist Morgen. Klaus-Dieter hat wirklich pünktlich vor Annetts Tür gestanden. Vater und Tochter haben sich freundlich begrüßt, Annett hat ihm einen Kaffee gekocht und nun sitzen sie sich an dem großen ovalen Tisch in der »Kommandozentrale« gegenüber. Er trägt ein dunkelrotes T-Shirt und olivfarbene Hosen eines bekannten Outdoor-Labels. Solche Hosen haben unter dem Knie einen versteckten Reißverschluss, man könnte sie überall spontan kürzen, wenn es zu warm wird. Ein bei Rentnern beliebtes Kleidungsstück.

Vater und Tochter gehen vorsichtig miteinander um, oft sehen sie sich nicht im Jahr, Alltag haben sie nicht zusammen. Und nun dieses Gespräch. Beide wirken aufgeregt, wobei Klaus-Dieter das routinierter überspielt. Er fragt nach seinen Enkeln, spricht über die Fahrt und dann über den Kaffee – bis Annett ihn mit ihrer ersten Frage überrumpelt. »Was hast du damals eigentlich gearbeitet?«

Die Frage steht für einen Moment im Raum. Es ist keine typische Anfangsfrage, so konkret überrascht sie ihren Vater. Klaus-Dieter nimmt noch einen Schluck Kaffee, dann erklärt er etwas zu sachlich: »Ich war am Schluss vom Dienstgrad her Major und stellvertretender Abteilungsleiter.« Er schaut Annett an, doch sie schweigt, wartet. »Dann ist das System implodiert und die Welt brach für mich zusammen, weil das, wofür man gelebt hat, wie man erzogen wurde, woran man auch geglaubt hatte, an die Richtigkeit dieser Gesellschaftsordnung und die Möglichkeit, die Unzulänglichkeiten zu verändern … weg war. Eine Welt, für die ich mich engagiert habe. Das war kein Achtstundenjob, ich hab es aus Überzeugung gemacht. Und dann verstehst du, dass alles umsonst war.«

Annett rutscht unruhig auf ihrem Stuhl hin und her. Nimmt ihre offenen schulterlangen Haare im Nacken zusammen, lässt sie wieder fallen. An diesem Punkt scheinen sie schon oft gewesen zu sein. Heute setzt Annett ihre eigene Geschichte dagegen. »Ich hatte damals einen Freund, das war eine recht intensive Beziehung. Der war damals gerade bei der Armee. Neben seiner Kaserne war eine Russenkaserne und da gingen allerlei Gerüchte herum. Da lag ziemliche Anspannung in der Luft. Er wusste um die Berufe meiner Eltern und hat sich aus politischen Gründen von mir getrennt. Damals ging er, als ehemaliges SED-Mitglied, in die DSU, eine rechtskonservative Partei. Das war mein erster persönlicher Crash in der Zeit.«

Klaus-Dieter wirkt überrascht. So viel Offenheit kennt er von seiner Tochter nicht. »Das wusste ich nicht.«

Annett reagiert nicht, sie erzählt einfach weiter. »Ja, und dann begann mich sehr schnell zu nerven, dass es nur noch um das Materielle und nicht mehr um das Ideelle ging. Da bin ich PDS-Mitglied geworden. Ich fand Gregor Gysi ganz toll. Später hat sich das dann gelegt, als ich sah, was das alles für alte Leute waren. Ich habe mich also erst mal auf die Hinterbeine gestellt und gesagt: ›Euch geht es nicht um die Idee, sondern um den materiellen Zuwachs.‹ Dass sich mit den Veränderungen aber auch eine Weite für den eigenen Horizont auftun könnte, darauf bin ich damals nicht gekommen.«

Annett geht während ihres Studiums für ein Semester in die USA und überwindet ihre anfängliche Scheu vor allem Unbekannten. Sie lernt Menschen kennen, die ganz anders sind als sie und mit denen sie trotzdem ins Gespräch kommt, die sie offen annehmen, obwohl sie aus der »GDR« stammt. Sie fasst Mut und probiert Dinge aus, vor denen sie vorher zurückgeschreckt ist. »Nach dem Jahr in Amerika habe ich mir mehr zugetraut. Ich kam zu der Erkenntnis, dass es viele Möglichkeiten für ein Leben gibt und dass ich es selber in der Hand habe. Du musst nicht warten, bis einer kommt – kümmere dich mal selber! Ich habe dort gesehen, dass ich mit vielen, auch andersdenkenden Menschen umgehen kann. Dass ich denen etwas zu erzählen habe. Dass die mich mögen können. Was denken andere von mir, das war mir immer ganz wichtig.«

Klaus-Dieter hat oft genickt, er weiß, wie man Empathie und Zugewandtheit in einem Gespräch erzeugt. Er will etwas sagen, doch Annett redet weiter. »Zu Schulzeiten war ich nicht unbedingt der Gruppen- oder Cliquenmensch. Ich fand das faszinierend, wenn es so etwas gab, aber ich gehörte nicht dazu. Ich wusste nicht, wie ich mich da hätte einbringen können.«

Annett ist auf der EOS FDJ-Sekretärin, erledigt zuverlässig alle Aufgaben. Wenn sich keiner findet, macht sie es eben selber. Die Lehrer mögen sie, unter ihren Mitschülern ist sie als systemtreu bekannt. Sie wird geachtet, aber findet keinen Anschluss an einen der existierenden Freundeskreise.

»Je mehr Abstand ich von zu Hause hatte und je mehr Selbstsicherheit ich gewann, wurde das automatisch anders. Bis hin zu der Erkenntnis: Es ist eigentlich wurscht, was andere von dir denken.«

Jetzt unterbricht Klaus-Dieter sie. »Ich finde mich da in vielen Worten selber wieder. Thema Selbstwertgefühl: Muss ich etwas darstellen nach außen oder kann ich so sein, wie ich will. Diese Frage habe ich mein ganzes Leben mit mir herumgetragen. Ich wollte keinem wehtun. Ich sein – aber ein Guter sein.«

Da Annett schweigt, spricht er weiter. »Mein Vorbild war die humanistische Gesellschaftsordnung. Und das sehe ich heute noch genauso. Nur der Störfaktor Mensch funktioniert in so einem System nicht. In meiner Ausbildung spielte Geld keine

Rolle. Meine Eltern hatten kein Geld dafür. Ich habe während des Studiums ein Leistungsstipendium bekommen und konnte damit ganz ordentlich als Student leben. Das war meine Motivation, für diesen Staat DDR da zu sein. Das hab ich als lebenswert empfunden, mit all den Einschränkungen.«

Klaus-Dieter ist schon mit sechzehn in die SED eingetreten und hat erlebt, dass er nun plötzlich nicht nur unter Schülern tonangebend ist, sondern auch Lehrern anscheinend ebenbürtig entgegentreten kann. Das hat sich später noch durch seine berufliche Position verstärkt. Mitarbeitern des Ministeriums für Staatssicherheit sind alle mit Vorsicht begegnet. Auch gegenüber seinen Frauen und seinen Kindern gibt er lange den Ton an.

Klaus-Dieter hat sich seine Geschichte gut zurechtgelegt, man spürt, dass er sie bis hierhin oft schon erzählt hat.

Annett fragt zögernd, weich fast: »Ging das denn in dem Beruf, ein Guter sein?«

Klaus-Dieter wehrt sofort ab. »Wieso? Ich war doch der Gute! Ich habe doch beim MfS für das Gute gekämpft! Das überwiegt alles am Ende. Und dass da Höhen und Tiefen eine Rolle spielen, das ist eben das Leben. Damit muss man klarkommen, damals und heute. Ich stehe zu dem, was ich gemacht habe, weil ich das gut fand. Und dass mir danach einige ans Fell wollten, damit muss ich leben. Mein Glas ist immer halb voll und nicht halb leer.«

Anfang 1990 kündigt Klaus-Dieter seinen Dienst beim Ministerium für Staatssicherheit und tritt aus der SED aus, er sieht hier nun keine Zukunft mehr. Nach einer kurzen Anstellung in der Kontrollabteilung im Konsument Warenhaus auf dem Berliner Alexanderplatz wird er erfolgreicher Wirtschaftsprüfer in einem Forderungsmanagement. Das Unternehmen wird von ehemaligen Außenhändlern der DDR gegründet, die das Thema Risikomanagement aus dem DDR-Außenhandel kennen. Klaus-Dieters langjährige Tätigkeit beim MfS interessiert dort niemanden, im Gegenteil: Er hat anscheinend beste Vorrausetzungen im neuen gesellschaftlichen System mit seinen beruflichen Erfahrungen aus dem alten.

Da Annett wieder schweigt, fügt Klaus-Dieter hinzu: »Wir haben als Ossis einen entscheidenden Vorteil gegenüber den Wessis: Wir mussten unsere Vergangenheit aktiv überdenken und korrigieren. Aus dieser Sicht sehen wir die aktuellen Themen, die uns bewegen, viel kritischer als die, die noch niemals irgendeine Veränderung vollzogen haben. Die heutige politische Situation bereitet mir große Sorgen. Wie sich die Welt politisch entwickelt und wie die Menschen nichts tun. Deswegen gibt es Pegida. Das sind keine Nazis, sondern so alte Säcke wie ich, die die Wende durchgemacht haben und die Politik in diesem Land sehr kritisch sehen und die ausgegrenzt werden von diesen Wessis.«

Annett hat ihrem Vater zunehmend fassungslos zugehört, bei dem Wort »Pegida« schüttelt sie energisch den Kopf. Sie reagiert scheinbar irrational. Statt ihm in aktuell politischen Fragen zu widersprechen, geht sie an einen Punkt in ihrer beider Vergangenheit zurück, der zwischen Vater und Tochter noch offen zu sein scheint.

»Du hast vorhin gar nicht richtig geantwortet: Was genau hast du gemacht damals in der DDR?«

Diese erneute Nachfrage überrascht Klaus-Dieter. »Annett, das weißt du doch: Ich war operativer Mitarbeiter im Bereich der Sicherung der Volkswirtschaft, also in der Abwehr gegnerischer Spionagetätigkeiten.«

»Und weiter?«

Er begreift, dass es seiner Tochter ernst ist. »Wir haben Patente und Technologien gesichert. Ich war zuständig für den Bereich

Landwirtschaft. Das machte man vor allem mit IMs, die in neuralgischen Positionen in den Betrieben tätig waren.«

Annett fragt sachlich nach: »Wie viele IMs hattest du denn?«

»Zwanzig bis dreißig. Wie überall bei Geheimdiensten hatten wir auch Technologien …«

Seine Tochter unterbricht ihn. »Welche denn? Wanzen?«

Klaus-Dieter lässt sich das gefallen, aber man spürt, dass er diese Frage-Antwort-Situation, in der nicht er den Ton angibt, nicht gewohnt ist. »Ja, Abhörmikros, Funkaufklärung.« Dann fügt er noch hinzu: »Wie bei ›Das Leben der Anderen‹.« Und lacht.

Annett lacht nicht. Ihre Empörung über seine aktuelle Sympathie für Pegida scheint es ihr leichter zu machen, bestimmte bisher vermiedene Themen ihrer gemeinsamen Vergangenheit anzusprechen. »Ich habe dich früher oft gefragt, was du arbeitest. Wenn ich später dann über die Antwort nachgedacht habe, hatte ich immer das Gefühl, ich habe das nicht richtig kapiert.«

In der Schule muss Annett oft angeben, welchen Beruf ihre Eltern haben. Sie sagt dann nicht MfS, sondern Ministerium des Inneren. Irgendwie wissen alle, was das bedeutet, aber keiner spricht darüber. »Als dann nach der Wende immer mehr Informationen in die Öffentlichkeit gerieten, wie man in der DDR mit Andersdenkenden umgegangen ist … Ich fand das sehr belastend, was man über die Stasi nach dem Mauerfall alles gehört hat. Stimmt das? Ist das übertrieben? Was hast du davon gewusst? Diese Fragen haben mich beschäftigt, aber ich konnte sie nicht stellen. Sie haben alles infrage gestellt.«

Mitten in ihrer emotionaler werdenden Unterhaltung klingelt Klaus-Dieters Handy. Am Apparat ist die Frau, mit der er seit einigen Jahren zusammenlebt: Jutta. Klaus-Dieter schüttelt den Kopf, erklärt, dass das Gespräch noch nicht beendet sei. Dann steht er auf und geht nach draußen.

Annett hat vier Halbgeschwister. Drei aus der zweiten Ehe ihres Vaters und eins aus einer anderen Beziehung, die viele Jahre parallel zu dieser Ehe bestand. Mit der Existenz dieses anderen Halbgeschwisterkindes ist Annett erst vor ein paar Jahren konfrontiert worden. Im Leben ihres Vaters gab es immer Geheimnisse. Auch heute hat er Annett nicht gesagt, dass er Jutta in der Nähe abgesetzt hat, um sich danach mit ihr die Gegend anzuschauen. Er hat offenbar gedacht, dass es nicht so lange dauern würde, und muss sie nun vertrösten. Es ist still im Raum.

Annett überlegt, ob sie Jutta ins Haus bitten soll, doch Klaus-Dieter kehrt ins Zimmer zurück und setzt, ohne ein weiteres Wort über den Anruf zu verlieren, routiniert genau da an, wo sie aufgehört haben. »Ich habe meinen Job aus politischer Überzeugung gemacht, zu der ich heute auch noch stehe. Ich habe nie gegen Gesetze verstoßen. Geheimdienst ist das zweitälteste Gewerbe der Welt und da ist nicht alles schön. Die einen sprechen von Spitzeln, die anderen von IMs und wieder andere von V-Leuten. Die Grundlage der Geheimdienstarbeit liegt darin, dass ich Informationen aus Bereichen gewinne, wo ich gegnerische Aktivitäten vermute, und die bekomme ich nur über spezifische Mittel.«

Annett unterbricht ihn, ihre Wangen sind rot. »Was sind denn spezifische Mittel?«

Ihr Vater wirkt zunehmend ungeduldig. »Na, zum Beispiel Abhöraktionen. Mittels Wanzen, wie eben in ›Das Leben der Anderen‹. Wobei die Stasi ein Kindergarten war im Vergleich zu den Geheimdiensten heute. Das Thema wurde nach dem Mauerfall sehr politisiert, man brauchte einen Sündenbock. Das Ministerium für Staatssicherheit war Schild und Schwert der Partei, das Werkzeug der politischen Macht. Ich habe immer dazu gestanden.«

Annett fragt weiter: »Und wie war das mit den Inhaftierten, den getrennten Familien, den Ausgewiesenen?«

Fast beschwörend redet Klaus-Dieter nun auf seine Tochter ein. »Ich war dafür verantwortlich, dass keine Entwicklungsergebnisse abgeflossen sind durch Personen, die bestechlich waren. Ich hatte ein sehr selektives Personenumfeld. Mit Kultur oder Dissidentenbewegung hatte ich nichts zu tun. Während der Wende wurde ich das erste Mal direkt damit konfrontiert.«

Annett schaut ihn an. »Du sagst, es war humanistisch, und das widerspricht dem ja zutiefst.«

Ihr Vater lässt seine Hände laut auf die Tischplatte fallen. »Eben! Das war das Widersprüchliche, womit ich nicht klargekommen bin. Mit den Andersdenkenden, mit den Dissidenten, den Abweichlern, damit war ich in meinem Beruf nicht konfrontiert, ich hab das bestenfalls nur am Rande mitbekommen, das gehörte nicht in meinen Arbeitsbereich.«

Annett will nicht nachgeben. »Du hast aber mal gesagt, du wärst gern bei Markus Wolf gewesen!«

Klaus-Dieter wird lauter. »Weil das der eigentliche Geheimdienst war, der Auslandsgeheimdienst. Als Jugendlicher wollte ich eher das Abenteuer. Wir waren nur die Abwehrschiene. Abwehren von Gefahren für die Wirtschaft. Das war mein Job. Das ist nicht der klassische Geheimdienst. Aber da kam ich nicht ran. Ich hatte keine Beziehungen oder Empfehlungen dafür. Als ich dann nach Berlin ging, hatte ich für den Quatsch keine Zeit mehr. Gott sei Dank bin ich nie zum Einsatz gekommen.«

Annett hat ihre Strickjacke ausgezogen. »Wenn du all das, was man heute über die DDR weiß, mit Mauertoten, Stasiknästen, getrennten Familien und so weiter, bedenkst, würdest du heute wieder Schild und Schwert dieser Partei sein wollen?« Diese Frage hat sie noch nie gestellt.

Klaus-Dieter antwortet, ohne zu zögern. »Ich würde diese Tätigkeit genauso wieder machen, weil ich von der Richtigkeit der sozialistischen Wertewelt überzeugt bin. Was du gerade genannt hast, damit will ich mich nicht identifizieren.«

Annett wirkt fassungslos. »Aber musst du das nicht?«

Klaus-Dieter ist aufgesprungen und läuft im Zimmer hin und her. Dann bleibt er stehen. »Nein, das meiste wusste ich nicht, und als ich es dann zur Wende erfuhr, hat mich das auch aus der Bahn geworfen. Das muss man im Kontext mit der BRD und den anderen Großmächten sehen. Wir waren zwischen zwei Welten, eine extreme Form der Systemauseinandersetzung, und da hat die DDR verloren. Und damit war auch meine Arbeit umsonst. So ist das am Ende des Tages.«

Er steht jetzt am Fenster, sieht hinaus. Dreht sich um und schaut an sich hinunter.

»Heute habe ich mich integriert, um das Leben führen zu können, das meinen Vorstellungen weitestgehend gerecht wird. Ich kann meine Hobbies pflegen, kann durch die Weltgeschichte reisen. Ich kann das aber auch nur, weil ich einen Job habe, und den Job habe ich nur, wenn ich erfolgreich bin. Wenn ich mein Ergebnis nicht bringe, bin ich weg. Da fängt mich keiner auf. Und wenn ich die Klappe aufreiße, bin ich der Stasimann, der abgemahnt wird. Ich fühle mich geduldet.«

Klaus-Dieters Handy klingelt, er spricht nur kurz und legt auf. Annetts Frage hat er nicht beantwortet. Doch was er von sich erzählt, hat Annett noch nie gehört von ihm. Als ein in der DDR »Herrschender« – und damit Privilegierter – stellt er sich nun als das Gegenteil dar. Sie spürt, dass sie kaum zu ihm durchdringt. Jetzt scheint Annett ihren Gedanken nachzuhängen. Situationen und Verhaltensweisen ihrer Kindheit und Jugend stellen sich für sie heute anders dar.

»Ich hätte mir rückblickend gewünscht, ich wäre forscher gewesen, mutiger und frecher. Ich war sehr abgekapselt. Ich hab nicht viel infrage gestellt. Daran hätte ich gern was geändert. Ich war nie rebellisch. In der EOS habe ich zunehmend Gleichaltrige bewundert, für ihre Freiheit im Umgang mit sich selber, ihre Frechheit. Ich habe mir Kritik nie zugetraut: nicht, sie auszusprechen, nicht, sie zu denken. Kam mir oft auch nicht in den Sinn. Oder auch deren Art, sich zu bewegen, so eine Präsenz zu zeigen. Ich habe mich immer eher zurückgenommen. Ich war nie rebellisch.«

Klaus-Dieter hört seiner Tochter zu. In dem Moment, in dem sie persönlicher wird, kann auch er seine Abwehr ablegen. Annett schaut ihren Vater an. »Haben meine Stiefgeschwister hinterfragt und aufbegehrt?«

Klaus-Dieter überlegt. »Nee.«

Annett nickt. »Heute erlebe ich mich anders. Aber damals war ich wenig selbstbewusst und meinungsstark. Und auch nicht offen. Das habe ich erst mit der Zeit gelernt.«

Klaus-Dieter versucht, auf die Offenheit seiner Tochter mit Offenheit zu reagieren. Seine Stimme klingt weicher, als er sagt: »Das ist genetisch. Das hat mit dem Selbsterhaltungstrieb zu tun, sich in einem bestimmten Rahmen zu bewegen und nicht bestimmte Grenzen zu überschreiten. Das geht mir auch so. Unkontrollierte Risiken eingehen, das mach ich nicht unbedingt. Ich bin berechnender, im wahrsten Sinn des Wortes. So ordnet man sich auch in gesellschaftliche Abläufe eher ein. Heute sagt man Mainstream. Nicht zu weit über die Schranken hinausgehen, Verstand einschalten und sich selbst limitieren.«

Annett scheint nicht einverstanden, aber sie schweigt.

»Das ist vielleicht auch ein Grund, warum unser DDR-System nicht funktionieren konnte«, redet Klaus-Dieter weiter. »Man hatte nicht den Mut, mal über den Gartenzaun zu schauen, und man war nicht bereit, kritische Stimmen aufzunehmen. Es zählte immer der kollektive Gedanke; das, was die Partei sagt, ist immer richtig. Wenn jemand was anderes sagte, war er schon abtrünnig. Nicht mal konstruktive Kritik konnte man zulassen.«

Kurz ist es wieder still im Raum. Beide scheinen ihren Erinnerungen nachzuhängen.

Dann erzählt Klaus-Dieter: »Ich hatte ein Moped, ›Star‹, um schnell auf dem Land zur Schule zu kommen. Helmpflicht gab es noch nicht, aber ich hatte mir eine Mütze gekauft, und damit sie nicht wegfliegt, konnte man sie an zwei Riemen unterm Kinn festbinden. Der Parteisekretär fasste mich damit ab und sagte: ›Das ist ja eine Schmidt-Mütze! Wie kannst du so konterrevolutionär herumfahren!‹ Kraft eines Amtes konnte man ganz schnell abgemahnt werden. Wenn du überleben willst, musst du dich an Spielregeln halten.«

Während er spricht, ist Annett aufgestanden. Sie sucht etwas. Kehrt mit einem Fotoalbum zurück an den Tisch. Schlägt es auf. Auf der ersten Seite lächelt ein vielleicht achtjähriges Mädchen ein bisschen scheu in die Kamera. Es ist Annett. Sie blättert weiter, fragt wie nebenbei: »Wie offen seid ihr in deiner anderen Familie miteinander umgegangen?«

Ihr Vater sucht jetzt Annetts Verständnis. »Offenheit war systembedingt nicht machbar. Das ist wohl eine der Ursachen, warum auch meine zweite Ehe damals auseinandergegangen ist. Im Geheimdienst, egal ob West oder Ost, geht das, was du tust, deinen Partner nichts an. Ich durfte meiner Frau nicht erzählen, wie mein Job aussieht, und ich habe ihr auch nichts gesagt. Das ist ein rigoroser Vertrauensbruch.«

»Das System« war schuld, das System, auf das man alles schieben kann. Wie präsent es in den Erzählungen von Klaus-Dieter ist. Doch hat nicht auch in der DDR jeder viele kleine persönliche Entscheidungen getroffen?

Annett schüttelt den Kopf. »Das heißt aber, dass auch sie an dem größten Teil deines Lebens keinen Anteil hatte. Und das hast du so entschieden.«

Klaus-Dieter nickt. »Ich musste mit meinen Problemen selber fertig werden. Auch die ganzen Widersprüchlichkeiten zur Wende, die vielen Fragen, die man hatte, konnte ich nicht mit dem Menschen besprechen, mit dem ich zusammengelebt habe. Auch deshalb war die Wendezeit für uns als Paar sehr schwierig. Sie hat sich dann immer mit ihrer Schwester unterhalten. Deren Mann war auch im Geheimdienst. Wir konnten miteinander sprechen, aber wir durften nicht mit unseren Frauen reden. Die konnten sich dann untereinander trösten. Aber sie wussten nicht, was passiert mit ihren Männern. Werden sie am nächsten Laternenpfahl aufgehängt? Oder werden die interniert? Oder gibt's Krieg?«

Annett hat weiter im Fotoalbum geblättert, manche Fotos herausgenommen. Hört sie, was ihr Vater sagt? Jetzt schaut sie auf. »Und wie siehst du das heute?

Klaus-Dieter reibt sich die Augen, fährt sich mit den Handflächen über das Gesicht. Dann schaut er seine Tochter an. »Heute erlebe ich das anders und bin anders mit mir im Reinen. Diese Geheimnistuerei ist Gift für eine Beziehung.«

Annett zeigt ihrem Vater ein Foto, auf dem sie vielleicht vierzehn Jahre alt ist. »Das hätte mir auch ganz gutgetan. Das hätte mich damals vielleicht zu einem stärkeren und kritischeren Menschen gemacht.«

Sie sieht ihn an. Klaus-Dieter schweigt. Sein Handy klingelt wieder, er nimmt nicht ab. Versteht er, was Annett ihm sagen will? Versteht er die gesellschaftliche Dimension? Der Nachteil eines hermetisch abgeschlossenen Systems, wie es die DDR war, ist, dass es sich vor jeder Veränderung nach außen und nach innen abschirmt. Jugendliche in der DDR trafen bei ihren Versuchen, sich vom Elternhaus und vom Staat zu emanzipieren, vielfach auf eine Kultur, die sie erneut einbinden und kritiklos auf sich verpflichten wollte. Das ermöglichte nur wenig produktive Generationenauseinandersetzung, keinen offenen Umgang mit gravierenden gesellschaftlichen Konflikten und damit kaum gesellschaftliche Weiterentwicklung. Diese mangelnde Auseinandersetzung führte zur Installierung einer Art »Elterninstanz«, die man jederzeit anklagen, bewundern oder für sein eigenes Schicksal verantwortlich machen konnte. Nach der Wiedervereinigung konnte das in dem zunächst unbekannten liberalen Wirtschaftssystem, in dem nun jeder auf sich selbst zurückgeworfen war, für den einzelnen große Verunsicherung bedeuten.

Annett hat ihrer eigenen Unsicherheit viele neue Erfahrungen entgegengesetzt. Heute scheint sie nicht unzufrieden mit dem Verlauf des Gesprächs mit ihrem Vater. So weit sind sie miteinander noch nie gekommen.

Annett schlägt Klaus-Dieter vor, Jutta zum Kaffee zu ihr einzuladen. Über diesen Vorschlag freut sich ihr Vater sichtlich. Er tippt eine Nachricht in sein Handy. Annett steht auf und macht neuen Kaffee.

Als ich sie nach ein paar Monaten wieder anrufe, bereitet Annett gerade den nächsten Auslandsaufenthalt der fünfköpfigen Familie vor. Diesmal soll es für mindestens fünf Jahre in ein südamerikanisches Land gehen. Ihr Mann wird an der deutschen Goethe-Schule arbeiten. Er ist bereits vorausgereist.

Später schreibt sie mir: »Mit dem Umzug nach Südamerika haben wir wieder unsere Komfortzone verlassen. Lernen! Kennenlernen – klar, eine andere Welt, aber auch sich selbst. Die Zeit in Asien hat uns geprägt. Wir hatten nach acht Jahren Lust und

Sehnsucht, uns wieder einer radikal neuen Situation zu stellen.«
Die Ferne hilft Annett, ihr Aufwachsen in der DDR zu reflektieren und zunehmend kleiner in sich werden zu lassen.

Ich erinnere mich, wie Annett mir ganz am Anfang unserer Bekanntschaft erzählte, dass, obwohl sie die DDR als intoleranten Staat nicht vermissen würde, ihr heute etwas fehle: dieses Wissen, dieses Gefühl, man arbeite an etwas Größerem, der eigene Anteil zähle. In Südamerika wird Annett nicht auch an der Goethe-Schule einsteigen, sondern als Freiwillige in einer kleinen Schule in einem Elendsviertel Englisch unterrichten.

»Der Druck wird immer größer, immer Jagd, immer präsent sein«

Michael (*1978) und Gerd (*1949)

Dörte Grimm

Ein wunderschöner Sommertag, 22 Grad. Ein leichter Wind zieht über die Prignitzer Felder, an deren Rändern Mohnblumen, Kornblumen und Schafgarbe blühen. Das Korn steht in voller Reife. Die Landschaft wirkt trocken, es hat nicht genug geregnet in den letzten Wochen. In Süddeutschland drohen zur selben Zeit die Ernten zu verfaulen, Felder und Ortschaften stehen unter Wasser.

Ich verfahre mich mehrmals auf dem Weg zu Gerd und Michael, sie hatten mich am Telefon darauf vorbereitet, dass mein Navi die Adresse nicht finden würde. Sie behalten recht. Die Straße, die zu Michaels Hof führt, ist halb geteert, halb gepflastert, gesäumt von Eichen. Hier fährt man Kilometer, ohne einen Menschen zu sehen oder einem anderen Auto zu begegnen. Die Zeit steht ein wenig still, auf eine angenehme Weise.

Als ich auf den Hof der Familie trete, sehe ich Michael und Gerd mit dem Rücken zu mir stehen, einander leicht zugeneigt. Ich erkenne sofort, dass sich beide vertraut sind. Michael ist der Freund einer meiner Freundinnen, sie haben zusammen Abitur gemacht, inzwischen hören sie nur noch an Geburtstagen voneinander. Doch in der Abiturzeit gab es im Partykeller der Familie »legendäre Feste«, von denen meine Freundin heute noch schwärmt.

Ein aus drei Gebäuden bestehender Hof mit Büro zur Straße, daneben ein Bahnübergang. Auf der gegenüberliegenden Straßenseite eine Tankstelle für Landwirtschaftsfahrzeuge, um den Hof Werkstatt und Lagerstätten, in der Mitte ein akkurat geschnittener Rasen mit einer Holzsitzgruppe, wo wir Platz nehmen. Michael muss noch kurz telefonieren. Gerd stellt mir erste Fragen.

Ich sei mit einem ungewöhnlichen Anliegen zu ihnen gekommen, sagt er. Als ich Gerd erzähle, dass ich am liebsten keine Fragen stellen würde, sondern ein Gespräch zwischen ihm und seinem Sohn dokumentieren möchte, schaut er mich skeptisch an. Wie das funktionieren soll? Ich ermutige die beiden. Michael hat inzwischen aufgelegt; ein Kunde, eine Lieferung. Wie lange werden wir hier zu dritt brauchen? Ich weiß es nicht.

Gut, dann reden wir über früher.

Und über jetzt, ergänze ich.

Gerd ergreift das Wort. Er beginnt mit der Zeit unmittelbar vor dem Mauerfall.

Ende der Achtzigerjahre arbeitet Gerd als technischer Leiter in der LPG Pflanzenproduktion, eine Tätigkeit, für die er sich fünf Jahre verpflichtet hat. Mit seiner Frau und seinen zwei Söhnen zieht er zu seinen Eltern auf den Bauernhof, der erhalten bleiben soll, als die ihn nicht mehr bewirtschaften können. »Träume hatte ich keine, aber viele Wünsche«, erinnert er sich.

Die Familie ist gläubig und stark in der evangelischen Gemeinde aktiv. Wöchentlich trifft man sich zu Gesprächskreisen, initiiert von einem engagierten Pfarrer. Hauptthema sind die damaligen Zustände und der Wunsch, sie zu reformieren. Durch die Eingebundenheit in eine Gemeinde steht die Familie unter einem besonderen Schutz, aber gleichzeitig unter staatlicher Beobachtung. Man diskutiert in den Gesprächsrunden nicht über die Abschaffung der DDR. Gerd weiß genau, welche Dinge sich ändern müssen, in seiner Funktion versteht er sich oft mehr als »Ersatzteilbeschaffer«: Die Maschinen in der LPG verenden, da sie nicht repariert werden können. Es fehlt an allem. Die Böden der Felder verderben durch die Überdüngung mit Gülle und »ein Kuh-Bestand lässt sich nur halten, wenn auch ausreichend Futter zur Verfügung steht«. Stillstand. Es muss sich etwas ändern, aber wie?

Gerd ist ein gemütvoller Mensch. Wenn er redet, scheint er mit dem, was er sagt, im Reinen und die Dinge nicht mehr zu hinterfragen. Er wirkt tief verwurzelt in seiner Heimat, verbunden mit den Menschen, dem Land, dem Vieh, das es zu versorgen gilt. Er strahlt Kraft aus. Immer gibt es etwas zu tun, zu richten, voranzubringen.

Schon Gerds Vater, der auch in der LPG arbeitete, verzweifelte an der Planwirtschaft. Zu DDR-Zeiten war allgemein bekannt, dass nur Leute, die an anderer Stelle nicht zurechtkamen, in die Landwirtschaft gesteckt wurden. Und es wurde gestohlen, als gäbe es kein Morgen: Trecker weg, Hänger weg, Pferde weg, Kühe weg. 1961 gab es über Monate keine Kartoffeln zu kaufen.

»Was es nicht gab, wurde geklaut«, erinnert sich Gerd.

Das Land, das die Familie zusätzlich auf ihrem eigenen Bauernhof bewirtschaftet, um noch ein bisschen Geld dazuzuverdienen, wird immer weiter beschnitten und der LPG zugeteilt. »Trotzdem haben wir den Feierabend herbeigesehnt, um uns den anderen Arbeitsanzug anzuziehen.«

Gerds Eltern haben den Bauernhof 1950 von ihren Eltern übernommen. Mit der Gründung der LPG wird ihnen zwar nicht der Hof weggenommen, wie es bei den Großbauern durchgesetzt wird, aber »für das Gemeinwohl« werden sogenannte Kontingente festgelegt. Erträge, die alle Bauern abzugeben haben und die man im Laufe der Jahre immer weiter in die Höhe treibt.

Im Dorf entscheiden sich zehn Bauern, nicht in die LPG einzutreten, und erhalten die Erlaubnis, einen sogenannten »LPG Typ 1« zu gründen. Dafür wird jeder Hof mit zehn Hektar Land bewertet, so Gerds Erinnerung. Die Bauern dürfen insgesamt hundert Hektar bewirtschaften und darauf Kühe und Schweine halten, aber das Land gehört ihnen nicht mehr. Dieser LPG Typ 1 hat bis 1970 Bestand, bis man in der staatlichen Führungsriege, so Gerd, »feststellte, dass es uns, den Bauern, noch viel zu gut ging«. Ein Beschluss erfolgt, die Höfe in Groß-LPGs zu überführen. Man lässt die Kühe und Schweine von den Höfen holen, es kommt zu dramatischen Szenen. Gerd streicht sich über die Stirn. »Da wusste man nicht mehr, was man machen sollte.«

Erst Jahrzehnte später erfährt er, dass sich seine Eltern in der Zeit vor dem Mauerbau stark mit Fluchtplänen trugen. Die Eltern und Geschwister von Gerds Mutter leben in den Fünfzigerjahren bereits in Westdeutschland, sie will ihre Schwiegereltern zum Neuanfang überreden. Aber die endgültige Entscheidung überlässt sie ihnen. Die Familie überlegt und plant, die Koffer werden gepackt, aber dann soll noch eine Ernte eingebracht werden, im darauffolgenden Jahr kalbt eine Kuh und plötzlich ist es 1961 und die Mauer wird gebaut. Eine Nachricht, die die Familie schockiert und vor vollendete Tatsachen stellt: Dann bleiben wir hier.

Gerds Mutter lebt noch. Sie spielte im selbstbewussten Umgang der Familie mit dem Staat eine große Rolle. Besonders ihr Enkel Michael bewundert sie für ihren Mut, öffentlich ihre Meinung zu äußern. Als der Bürgermeister am 13. August 1961 plötzlich auf dem elterlichen Hof steht und den Mauerbau als »Errungenschaft der DDR und Schutzwall gegen den Kapitalismus« preist, pfeift sie ihm ordentlich die Meinung. Spricht von einer »ganz anderen Freiheit da drüben«, dem »Recht auf Eigentum«, und lässt den verdutzten Mann einfach stehen.

Doch oft reißt sie sich auch zusammen. In diesem Land lernt man, besser den Mund zu halten.

Gerd sagt, dass er mit der Idee des sozialistischen Staates nicht viel anfangen konnte. Er war kein Mitglied der SED, obwohl er in seinen Funktionen immer wieder stark umworben wurde. Wenn man ihn fragt, ob er seine Meinung ändern würde, antwortet er: »Meine Kinder sind getauft und wir gehen in die Kirche!« Nach dieser Antwort lässt man ihn meistens in Ruhe.

Michael erinnert sich, dass er aufgrund der Haltung seiner Eltern mit einer gewissen Distanz zum Staat aufwächst. Ein Großteil der Verwandtschaft lebt im Westen, die Verwandten kommen regelmäßig zu Besuch und schreiben Briefe. »Da konnte man uns nicht mehr erzählen, wie toll der Sozialismus funktioniert, wir kannten die Gegenseite. Deswegen haben wir uns wie in einem Spannungsfeld bewegt.«

Michael wird 1978 geboren. Schon als kleiner Junge arbeitet er mit, wenn Land und Tiere zu versorgen sind. Ein Jahresplan, bei dem die Saat- und Erntezeiten die Struktur vorgeben: im Frühjahr Rüben sähen, im Oktober ernten, die Hühner und Enten versorgen, den Mais häckseln, Kartoffeln stoppeln, zwischendurch die Bullen füttern. Das Ausmisten der Bullen gilt als zu gefährlich, das darf nur der Opa. Im November werden die Schweine geschlachtet, ein Erlebnis für die Kinder.

Das Leben der Familie ist geprägt vom Zusammenhalt der Gemeinde. Und so lassen sich ihre Biografien nicht trennen von den Herausforderungen, vor denen die Gemeinde immer wieder steht. Gerd erinnert sich an eine absurde Geschichte, deren Dramatik heute kaum noch nachzuvollziehen ist.

Schon 1957 gerät der Pfarrer der Gemeinde durch »antisozialistische Aktivitäten« ins Visier der Staatssicherheit und man sucht nach Anlässen, ihn loszuwerden. Er wird von verschiedenen IMs aufgesucht, die ihn zu »antisozialistischen Aktionen« provozieren sollen. So halten sie einmal dem Pfarrer zwei Schachteln Zigaretten vor die Nase, eine westdeutsche und eine ostdeutsche Marke. »HB oder Casino?«, fragen sie ihn frech. Der Pfarrer denkt sich nichts dabei und greift zu HB, der westdeutschen Marke. Das wird zum Anlass genommen, ihm zu unterstellen, er würde »öffentlich« behaupten, die DDR-Qualität würde nicht der westdeutschen entsprechen. Ihm wird befohlen, innerhalb von vierundzwanzig Stunden das Dorf zu verlassen. Die Kirchenleitung wird informiert und weiß Rat: Da das Pfarrhaus zum Hoheitsgebiet der Kirche gehört, soll der Pfarrer im Haus bleiben, bis eine Lösung gefunden wird.

Gerd und seine Freunde wissen nichts von dem Vorfall. Doch in der Gemeinde haben sie ein Zeichen vereinbart: Sollte sich, während die Landwirte draußen auf den Feldern arbeiten, im Dorf etwas Ungewöhnliches ereignen, würde jemand als Signal die Glocke läuten. An besagtem Tag ruft der Bürgermeister des Dorfes zu einer Veranstaltung in der Gaststätte auf, bei der öffentlich bekannt gegeben werden soll, warum der Pastor die Gemeinde zu verlassen hat. Kampfgruppen stehen einsatzbereit vor der Gaststätte und warten auf ihren Einsatz.

Als die Kirchenglocke läutet, eilen Gerd und seine Freunde ins Dorf und stellen sich vor den Pastor. Die Staatssicherheit entscheidet, dass ein Abführen des Pastors zu diesem Zeitpunkt für zu viel Aufsehen sorgen würde, und ruft die Kampfgruppen zurück. Der Pastor darf bleiben.

Gerd sagt, er kam mit der DDR nicht zurecht, »aber dass nun alles schlecht war, kann ich auch nicht sagen. Unfrei habe ich nur die Grenze empfunden.«

1989 bricht für die Familie eine besondere Zeit an. Freunde aus Leipzig berichten von den ersten Montagsdemonstrationen und den Vorkehrungen der Polizei für den Ernstfall: Ganze Turnhallen werden wie Lazarette ausgestattet. Gerd trifft in den kirchlichen Gesprächsrunden auf Menschen unterschiedlichster Kreise, die untereinander vernetzt sind. Sie berichten aus den Großstädten, darüber, wie sich dort Menschen in den Kirchen versammeln und friedlich für den Wandel beten.

Die Staatssicherheit observiert die Gemeindegruppe im Dorf. Die Zusammenkünfte finden nicht geheim statt und so schickt man ganz offiziell die ortsansässigen SED-Mitglieder zu einem Gemeindetreffen. An einem Abend stoßen so achtundzwanzig neue »Interessenten« dazu. Gerd und seine Freunde sind überfordert. Worüber reden wir jetzt? Das ist eine offensichtliche Bedrohung.

Der Pfarrer hat die zündende Idee: Wir gehen in die Kirche und singen Lieder! Und so stehen sie zu fünft in der ersten Reihe vor dem Altar und singen Jesus und Halleluja. Vor der Kirche haben sich inzwischen Kampfgruppen postiert und lassen keine weiteren Gemeindemitglieder hinein. Alle Zufahrtswege ins Dorf werden blockiert, die Leute drehen vor Angst wieder um. Eine aufgeladene Stimmung.

Was Gerd nicht weiß, ist, dass er an diesem Abend inhaftiert werden soll. Davon liest er später in seiner Stasi-Akte. Die Versammlung löst sich irgendwann friedlich auf; auf dem Weg nach Hause wird Gerd noch mehrmals von Polizisten angehalten und gefragt, was er am Abend »gemacht« hat. Erst spät erreicht er den Hof.

Michael ist zu klein, um an den Gesprächskreisen der Gemeinde teilzunehmen, aber er kann sich an die ersten Demonstrationen in der Kreisstadt erinnern, an denen er im Alter von elf Jahren mit seiner Familie teilnimmt und wo er seinen Vater in der Kirche Reden halten sieht. Ihm ist die Dimension dessen, was vor sich geht, nicht bewusst. In seiner Erinnerung bleiben die aufgeregte Stimmung und ein Protestplakat, das Honecker im Sträflingsanzug zeigt, und Demonstranten, die rufen: »Honecker in die Produktion!«

»Der sollte auch an die verlängerte Werkbank und mal sehen, was hier unten los ist. Wie sollst du denn einen Bagger reparieren, wenn es keine Batterien gibt, keine Ersatzteile?«, sagt Michael, als wäre er damals selbst davon betroffen gewesen.

Die unmittelbare Umbruchszeit 1989 und die Rede in der Kirche sind zu Gerds Verwunderung fast vollständig aus seiner Stasi-Akte verschwunden. »Ich hatte ja nichts Schlimmes getan, ich hatte meine Pflichten erfüllt, aber hatte nun zu diesen Pflichten eine andere Sicht.« Damals erhält er von einem Bekannten aus dem Kreisbetrieb für Landtechnik einen Hinweis, den Mund zu halten und seine Vorhaben erst einmal ruhen zu lassen. »In dem Moment wusste ich: Ich stehe auf einer Liste!« Gerd hält sich für eine Weile zurück und die Gefahr geht vorüber, er wird nicht inhaftiert.

Im Jahr der Wiedervereinigung befindet sich auch die LPG, bei der Gerd arbeitet, in Auflösung und die Familie erfährt, dass sie ihr Land zurückerhalten wird. Die LPG soll abgewickelt werden. Gerd fühlt sich für den Betrieb zuständig – soll er dagegen vorgehen? In dieser Phase spricht ein Bekannter ihn an und sagt: »Was machst du dir so 'n Kopp? Übernimm du doch die Kohlenlieferung, den Brennstoffhandel!«

Gerd nennt es im Nachhinein »Gottes Fügung«, dass genau dieser Bekannte zu dieser Zeit mit dieser Frage auf ihn zukommt. Kurzerhand legt er ein Datum fest: Am 1. Juli 1990 mache ich mich selbstständig. »Ich war vollkommen blauäugig«, sagt er. »Wir wussten ja nicht einmal, dass die D-Mark kommen würde … Wir haben alle viel Lehrgeld bezahlt in dieser Zeit.«

Denn das Problem ist nicht die praktische Arbeit oder der Wille, diese in die Tat umzusetzen: Es geht um Buchführung, Rechnungswesen, Anträge, Steuern. »Wer hatte zu DDR-Zeiten schon eine Gewinn- und Verlustrechnung? Es gab einen Plan und alle haben den Plan erfüllt. Jetzt war alles anders.«

Michael und sein vier Jahre älterer Bruder Jens helfen beim Aufbau des Brennstoffhandels kräftig mit. Fast jedes Wochenende renovieren sie und richten die Lagerstätten her. Oder es muss schon Ware ausgefahren werden.

Michael sieht Gerd in die Augen. »Die Arbeit begann nie erst um sieben Uhr und hörte auch nicht um sechzehn Uhr auf. So sind wir immer schon an die Arbeit und ein Stück weit auch an die Selbstständigkeit herangeführt worden.« Seine Mitschüler berichten von ihren ersten Urlauben in der Türkei oder Spanien, aber das Los des Unternehmertums lässt lange Abwesenheiten nicht zu. So machen Michael und Jens meist Urlaub bei der Westverwandtschaft, viele von ihnen kinderlos und gern bereit, sie aufzunehmen.

Michael fühlt sich trotz der umwälzenden Ereignisse in dieser Zeit nicht allein. Der engagierte Pastor ist den Kindern und Jugendlichen eine Stütze. Michael spielt Trompete in einer Bläserkapelle, sie fahren zu Kirchenfreizeiten und schließen Freundschaften, die oft bis heute Bestand haben.

Das mobile Bürotelefon, das auf dem Tisch liegt, klingelt laut. Michael nimmt ab, eine Lieferung. Er zieht entschuldigend die Schultern hoch, nickt uns zu und entfernt sich, um zu telefonieren.

Gerd erzählt einfach weiter. Berichtet, wie er seinem älteren Sohn Jens nach dem Abitur nahelegt, in den elterlichen Betrieb einzusteigen, »am besten als Buchhalter, der etwas von Wirtschaftsführung versteht«. Jens nimmt die Aufgabe an und zieht für eine Ausbildung zum Industriekaufmann nach Lüneburg.

Aber die Arbeit ist ihm zu langweilig. Ohne seinen Eltern Bescheid zu geben, schmeißt er die Ausbildung hin, packt seine Sachen und zieht nach Berlin. Dort arbeiten schon Freunde auf der Großbaustelle am Potsdamer Platz. Er beginnt, Bauwesen zu studieren, und stellt seine Eltern vor vollendete Tatsachen.

Michael kommt zurück und fragt, worüber wir gerade gesprochen haben. Er berichtet, dass er nach dem Abitur eine Lehre als Heizungsbauer begonnen hat und heute froh ist, sich so früh für eine Ausbildung entschieden zu haben. Praxis ist für ihn besonders wichtig: »Heute bilden sie die Leute aus bis zum Gehtnichtmehr, Studium, Master, aber in der Praxis sind sie nicht zu gebrauchen.« Im Ausbildungsbetrieb lernt er die Seite der Arbeitnehmer kennen: Wie denken und reden seine Kollegen, wenn der Chef da ist – und wie reden sie, wenn er ihnen den Rücken zukehrt? Noch während seiner Ausbildung beginnt er ein Studium für Versorgungstechnik. Nach der anstrengenden Doppelbelastung will er erst einmal das Leben genießen. Er zieht nach Oxford in England, arbeitet dort in einem Pub an der Bar und genießt das unabhängige Leben. Nach einem Jahr hat er genug gefeiert und geht nach München, wo er eine Arbeit als technischer Objektleiter findet. Und dort lernt er seine zukünftige Frau kennen. Michael und seine Frau heiraten in der Prignitz, das erste Kind kündigt sich an.

Gerd erleidet in der Zeit mehrere Schlaganfälle. Die Familie berät, wie es weitergehen kann, denn allen ist klar: Der Vater kann den Betrieb nicht mehr mit voller Kraft führen. Michael ringt mit sich, doch schließlich überzeugt er seine aus Westdeutschland stammende Frau, einen Neuanfang zu wagen und mit ihm aufs Dorf in die Heimat zu ziehen.

Ein Schritt, der seine Freunde und seine Familie mehr als überrascht. Niemand hat damit gerechnet, dass Michael einmal in die Prignitz zurückkehren würde. »Ich habe immer gedacht, du bist weg, du kommst doch nie wieder zurück.« Gerd zieht die Schultern hoch. »Und jetzt sitzen wir hier zusammen auf unserem Lieblingsplatz, wo wir schon früher gern gesessen haben, und trinken Kaffee.«

Zunächst arbeitet Michael an der Seite seines Vaters, bis er mit zweiunddreißig den Betrieb übernimmt. Auch wenn die ersten Jahre schwer gewesen sind, ist in Michael eine neue Verbindung zu seiner Heimat gewachsen. Inzwischen ist seine Tochter fast zehn und sein Sohn fünf Jahre alt, drei Generationen leben nebeneinander, miteinander und arbeiten zusammen: Michaels Mutter und seine Frau helfen im Betrieb mit, »sonst würde das alles gar nicht gehen«. Durch die Nähe sehen die Großeltern die Enkelkinder aufwachsen, worüber sie sehr glücklich sind.

All dies gibt Michael die Kraft, die er braucht, um mit dem wachsenden Marktdruck mitzuhalten, der auch für die mittelständischen Prignitzer Unternehmen zu spüren ist. »Das ist die Gefahr in einem kapitalistischen Wirtschaftssystem: Jedes Jahr muss Gewinn erwirtschaftet werden, immer mit einer Steigerung«, das hat Gerd gelernt.

Was Michael und seine Angestellten im Monat verdienen, ist hart erarbeitet. Doch für Michael als Unternehmer wird es zunehmend schwieriger. Jeden Monat zahlt er Abgaben, trägt die Verantwortung für das ganze Unternehmen. Es fehlt an ausgebildetem Fachpersonal, und diejenigen, die er einstellt, »wollen viel verdienen und immer weniger leisten«. »Aber«, sagt er, »*uns* fragt niemand, ob wir nach siebzig, achtzig Stunden mal Freizeit haben oder nicht.«

Michael hält die Veränderungen der letzten dreißig Jahre für eine große Errungenschaft, glaubt, die Dritte Generation Ost habe unglaublich davon profitiert. Doch wie auch vor dreißig Jahren gibt es noch und wieder die Diskrepanz zwischen Stadt und Land. Wie sieht die Berliner Politik aus der Prignitzer Perspektive aus? Michael und Gerd können nicht mehr erkennen, wer dort die gesellschaftliche Mitte vertritt, der sie sich mit ihrem Betrieb zugehörig fühlen.

»Du wählst alle vier Jahre, inzwischen haben aber viele das Gefühl, es ändert sich doch nichts«, sagt Michael. Er glaubt, es wäre gefährlich, Menschen die sich von der Politk abwenden, ins »rechte Lager« zu stecken oder für »durchgefallen« zu erklären. Aber Politik, so sein Fazit, handele oft von der Gesellschaft abgetrennt.

Vater und Sohn erinnern sich gern an die Zeit der DDR, vor allem an die gemeinsamen Feste im Dorf. Besonders an die Faschingsfeiern, die von allen organisiert wurden, für die sich alle ihre Kostüme selbst nähten. Sind all die Errungenschaften der Freiheit in erster Linie und des Marktes in zweiter Linie so viel wert, wenn die Menschen nicht mehr zusammenkommen, sich nicht mehr direkt austauschen, jeder für sich in seiner kleinen Zelle vor sich hin werkelt?

»Es wird immer schwieriger, solche Gemeinschaften aufrecht zu erhalten in dieser Gesellschaft«, meint Michael, »alles Druck, immer Jagd, immer präsent sein, du kommst gedanklich gar nicht mehr zur Ruhe.« Michael organisiert den ortsansässigen Karnevalsverein mit, aber »ehrenamtliche Arbeit, das ist nicht mehr selbstverständlich«.

Gerd nickt. Besonders mit der durch die Medien erzeugten »Schnelllebigkeit«, damit käme er nicht mehr zurecht. »Wenn ich mit einem Kunden spreche, will ich direkten Kontakt mit ihm, keine E-Mail schreiben und alles immer sofort beantwortet haben. Ganz schrecklich ist das!«

Michael kann sich den zeitgemäßen Anforderungen nicht verwehren, aber sein Vater hat seinen Arbeitsstil geprägt. Eine kleine Nische der Verweigerung hat er sich bewahrt: Warum soll er als Unternehmer bei Facebook posten? Darin sieht er keinen Sinn. »Geschäfte macht man anders.«

Gerd und Michaels Dorf befindet sich seit Jahren im Wandel. Entscheidungen über die Infrastruktur werden seit der letzten Kreisgebietsreform in der nächstgrößeren Kreisstadt gefällt. Der Ort bestreitet nicht mehr seinen eigenen Haushalt, Menschen, die nicht hier leben, entscheiden zum Beispiel über die Umgestaltung des Friedhofs oder die Jagdgenossenschaft, und keiner aus dem Dorf wird dazu befragt.

Wenn Gerd nachhakt oder sich einmischen will, interessiert das niemanden. Er fühlt sich für seine Nächsten und den Ort, in dem er und seine Familie seit Jahrzehnten leben, verantwortlich, aber man lässt ihn keine Verantwortung übernehmen. »Wir bauen Apparate auf, die kein Mensch mehr richtig beherrscht.«

Immer noch ist den beiden die Gemeinde eine Stütze, etwas Beständiges, das sie durch die Zeiten trägt. Dort engagieren sie sich, »nicht, weil wir die Heiligsten sind, sondern weil wir an bestimmte Dinge glauben«, sagt Michael. Aber sie erreichen kaum jemanden, weil es einfach uninteressant ist, in die Kirche zu gehen. Im Zeitalter von Smartphones hat die Kirche keine Chance.

Das Telefon klingelt. Michael sieht mich entschuldigend an, es gibt so viel zu tun. Auch Gerd hat »genug geredet für heute«. »Arbeit liegt immer herum.«

Die eigene Scholle. Und sieh mal in den Himmel! Die Sonne hat sich verzogen, es riecht nach Gewitter. Auf dem Weg über die Prignitzer Felder weht jetzt ein stärkerer Wind. Die Bäume biegen sich und die Schwalben fliegen tief. Ich verfahre mich auch auf dem Weg zurück, verpasse die richtige Abzweigung und lande in einem Wald. Irgendwann erreiche ich die Straße. Das Land hat mich wieder freigegeben.

»Ich wollte, dass du ein glückliches Kind bist«
Anja (*1971) und Ingrid (*1940)

Sabine Michel

Es ist Winter. Ich bin mit Anja verabredet und laufe durch Dresden. Ich bin am Hauptbahnhof angekommen und durchquere Dresdens Stadtzentrum. Die Prager Straße erinnert nur noch entfernt an die weite, helle Straße meiner Kindheit mit den schönen Springbrunnen. Wie oft bin ich mit meinen Eltern hier spazieren gegangen. Weiter über den Altmarkt und den Pirnaischen Platz zu einem kleinen Neubaugebiet. Die Häuser sehen von außen farbiger aus, der Fahrstuhl innen wie früher, Sprelacart und Neonlicht, auf der Etage vier Türen. Ich klingle.

Anjas Wohnung ist hell und man hat einen weiten Blick über die Stadt, bis hin zu den grünen Rändern. Im Flur stehen Regale mit Büchern und Filmen. Anja ist allein mit ihrer Mutter in einer ähnlichen Neubauwohnung ganz in der Nähe aufgewachsen. Sie spielt als einziges Mädchen ihrer Klasse Fußball, singt im Philharmonischen Kinderchor und beendet gerade die Schule, als die Mauer fällt. Für das Studienfach, für das sie in der DDR eine Zulassung hatte, gelten nach der Wiedervereinigung andere Aufnahmeregularien. Also beginnt Anja nach einem Jahr in Paris das Studium der Rechtswissenschaften in den alten Bundesländern. Später bricht sie das Studium ab, kehrt zurück in ihren Geburtsort und arbeitet fast zehn Jahre als Geschäftsführerin eines bekannten Veranstaltungsortes mit Kneipe.

Als ich mich mit ihr und ihrer Mutter Ingrid zum Gespräch verabreden will, spricht Anja von einem schwer errungenen Burgfrieden. Doch ich darf ihre Mutter anrufen.

Ingrid wurde zu Beginn des Zweiten Weltkrieges geboren. Ihre Mutter war Verkäuferin, ihr Vater kaufmännischer Leiter. 1942 zieht die Familie in die nahe Großstadt. Ingrids Vater wird erst spät in die Wehrmacht eingezogen, die Mutter erlebt allein mit der fünfjährigen Tochter das Bombardement am 13. Februar 1945. Die Eltern verstehen die Gründung der DDR als eine neue Chance, einen Neuanfang. Ingrid ist Pionier, FDJlerin und tritt noch während des Studiums in die SED ein. Sie heiratet, wird Lehrerin und wieder geschieden. Schwanger trennt sie sich von Anjas Vater und arbeitet auch alleinerziehend in Vollzeit. Nach dem Mauerfall bleibt sie Lehrerin, heute ist sie Rentnerin und lebt allein.

Wir sind für den Sommer verabredet, doch Ingrid sagt ihre Teilnahme wieder ab. Es folgen zwei längere Gespräche mit ihr am Telefon, in denen ich sie jedoch nicht umstimmen kann. Mittlerweile ist Anja jedoch sehr an einem Gespräch mit ihrer Mutter, das sie nicht allein führen muss, interessiert. Sie überredet sie. Anja ist jetzt mit einer Frau verheiratet und hat ihre Arbeit verloren.

Ich kann mir meinen Platz am Tisch im Wohnzimmer aussuchen, ich bin die Erste. Anjas Frau zieht sich mit dem Kater in einen anderen Raum zurück. Anja spricht ununterbrochen, sie ist aufgeregt. Sie trägt die grauen Haare sehr kurz. Durch ihre Brille schauen mich wache, helle Augen an. Ihre Aufregung verstärkt sich, als ihre Mutter unten klingelt.

Ich höre Geflüster im Flur. Dann tritt Ingrid in den Raum. Sie sieht schick aus: pastellfarbene Bluse und frisch vom Friseur. Auch sie ist aufgeregt, ich spüre es an ihrer kühlen Hand. Anja fragt, was wir trinken wollen.

Ingrid bittet um Wasser, geht zum Fenster und zeigt hinaus. »Gewohnt haben wir zwei hier in der Nähe allein in einer kleinen Anderthalbraumwohnung. Die Küche war schmaler als der Tisch hier, auch nicht viel länger. Da hatten wir zwei Gasflammen und unterm Tisch einen ganz kleinen Kühlschrank. Zwei Schränkchen an der Wand und alles in einer Ecke des Wohnzimmers. Gewaschen habe ich in einem großen Topf auf einer der Gasflammen.«

Anja nickt. Sie stellt Gläser und eine Flasche Mineralwasser auf den Tisch. »Wirtschaftlich können wir gerade auch keine Riesensprünge machen, aber ich habe von dir mitbekommen, dass ein gutes Gefühl im Leben nicht von materiellem Wohlstand abhängt. Das ist okay. Ich lebe in einer stabilen Partnerschaft, auch richtig ordnungsgemäß mit Ring, ehrbare Frau und so.« Anja lacht.

Ingrid versucht, auf den Witz zu reagieren, doch in ihrem scherzhaften Ton liegt Ernst. »Willst du damit sagen, ich war keine ehrbare Frau?«

Und Anja antwortet prompt: »Nee, du bist ja nicht verheiratet.« Unvermittelt wird sie wieder ernst. Dieser Wechsel aus Ironie und Ernst, das Lachen, das im nächsten Moment im Hals stecken bleibt, wird dieses Gespräch bestimmen. »Kinder haben wir leider keine. Das ist schade, aber ist nun mal so. Ich kann also auch nicht nachvollziehen, wie das ist, so eine rebellische Fünfzehnjährige, wie ich es war, zu Hause zu haben. Und was ich in letzter Zeit immer mal denke: Ich habe früher wenig Freunde oder Freundinnen von dir wahrgenommen.«

Ingrid unterbricht ihre Tochter. »Aus bitterer Erfahrung kann ich nur sagen: Pflege deinen Freundeskreis! Mir ist da alles weggebrochen.«

Anja schaut sie an. »Warum eigentlich?«

Ingrids Antwort bleibt vage. »Immer dieses Drängen, dass alles andere wichtiger war: der Beruf, du … Und jetzt im Alter ist man allein.«

Anja schüttelt den Kopf. »Aber das ist keine Frage der Zeit, das war auch früher keine Frage der Zeit. Das ist eine Frage der Einstellung.«

In Ingrids Ton mischt sich ein Spur Ungeduld. »Das ist Quatsch, Anja.«

Auch Anjas Ton wird ungeduldiger. »Ist es nicht.«

Für einen kurzen Moment ist es still. Mutter und Tochter schauen sich nicht an. In die Stille dringen leise die Rufe der spielenden Kinder auf der Straße.

Ingrid bemüht sich um einen ruhigeren Ton. »Ich habe mich mein ganzes Leben gedrängt gefühlt. Als Kind wurde ich im Krieg fast jede Nacht aus dem Schlaf gerissen und in den Keller geschleppt, wenn Fliegeralarm war. Ich habe als Fünfjährige die Bombardierung Dresdens miterlebt. Ich bin mit meiner Mutter durchs Feuer gerannt. Sie hatte noch einen Kinderwagen für mich dabei, damit es schneller ging. Den hat sie beiseitegeschmissen, weil der anfing zu brennen. Sie hatte noch ein kleines Köfferchen, ihre Handtasche und mich. Das Köfferchen fing auch an zu brennen, verbrannte ihr die Hand, das schmiss sie auch weg. Und wir rannten und rannten nur durch das Feuer.«

Anja schaut ihre Mutter an. Deren Stimme wird weicher, unverstellter. Ingrid kann gut erzählen, man erkennt die ehemalige Unterstufenlehrerin.

»Wir sind irgendwo angekommen, in einer Schule am Stadtrand, da wurden wir unters Dach gebracht. Meine Mutter hatte die Füße verbrannt, die Hände verbrannt und ich die Hände und das Gesicht. Man sieht es ja heute noch. Wir sollten dann auf einen Lastwagen steigen, und meine Mutter konnte mich nicht tragen, weil die Hände so schmerzten. Da hat mich jemand anderes genommen, doch sie kam mit, weil ich so geschrien habe. Aber Mutters Handtasche war noch im Gebäude und hinterher waren ihre Uhr und was noch so da war weg. Das Letzte, was uns geblieben war.«

Ingrid schaut auf ihre Hände. »Hast du ein Taschentuch, Anja?«

Anja gibt ihr ein Taschentuch und schenkt ihr Wasser nach. Dann sagt sie: »Diese Angriffsnacht am 13. Februar kommt immer wieder hoch. Bis heute, jedes Jahr im Februar. Die Erzählungen, wie Großmutter noch mal in ihr abgebranntes Haus zurück ist. Oder wie sie fast vergewaltigt worden wäre.«

Ingrid schnaubt ins Taschentuch und wischt sich die Tränen ab. Vorsichtig, damit ihre Wimperntusche nicht verschmiert. »Wir wurden in eine Kleinstadt gebracht, in ein kleines Krankenhaus. Da kann ich mich nur an eines erinnern: Wenn sie meine Hände neu verbunden haben, dann hat das so geblutet, dass sie einen Scheuerhader druntergelegt haben. Eine alte Frau brachte mir ein Spielzeug von ihrer Enkelin. Die hat uns dann später auch in ihr Häuschen aufgenommen. Im Mai kamen dann die Russen, und die schmissen uns aus den Häusern und wir mussten im Wald leben. Ich fand das als Kind wunderschön, denn als wir früh aufwachten, da blühten die Maiglöckchen. Aber die anderen fanden das nicht so schön.

Später sind wir dann zu meinen Großeltern nach Dresden zurück. Die waren nicht ausgebombt. Ich habe als Kind richtig oft gehungert. Ich bin so froh, dass das heute anders ist. Du musstest nie hungern. Meine Großeltern hatten eine Vierraumwohnung. Davon bekamen wir einen Raum. Meine Großmutter war keine liebe. Es gab da einen langen düsteren Flur und immer, wenn wir uns da begegneten, bekam ich von ihr einen mit dem Ellenbogen.

Komisch. Dann kam mein Vater aus dem Krieg zurück und wir hatten immer noch nur dieses eine Zimmer.«

Bis Ingrid neun Jahre alt ist, schläft sie mit ihren Eltern in diesem Raum. Ein Tisch, ein Schrank und das Bett ihrer Eltern. Ingrid wird begeisterter Pionier, später ist sie Mitglied der FDJ und nimmt 1955 an einer der ersten Jugendweihen teil. »Da wusste ich, wohin ich gehöre. Das war mein Staat. Meine Eltern blieben skeptisch, aber ich war begeistert.«

Zuerst darf sie nicht studieren. Obwohl sie die Zweitbeste in der Klasse ist. Aber sie ist kein Arbeiterkind. Nach einer Eingabe des Vaters beim Schulrat darf Ingrid Lehrerin werden. Mit neunzehn Jahren bekommt sie ihre erste Klasse. Etwa zu dieser Zeit tritt sie in die SED ein, sie will zeigen, dass sie eine der ihren ist.

Ingrid knüllt das Taschentuch in ihren Händen. »Ich wollte etwas bewirken und verändern. Ich habe oft die Klappe aufgerissen und oft Dresche bezogen. Von den Genossen.« Sie sieht Anja an. »Deinen Vater habe ich 1970 beim Tanzen kennengelernt. Da war ich von meinem ersten Mann schon wieder geschieden. Das war eine feine Liebe.«

Anja gibt trocken zurück: »Bis auf die Ehefrau und die drei Kinder.«

Für einen Moment scheint es, als ob ihre Mutter darüber lachen würde, dann erwidert sie mit einer Spur Empörung in der Stimme: »Das wusste ich doch nicht! Dein Vater war Berliner und kam hierher zum Studium. Er war regelmäßig in Berlin, aber geahnt habe ich nichts. Erst als ich schwanger wurde und ihn um die Vaterschaftsanerkennung für dich bat, schaute er mich an und sagte: ›Weiß ich denn, ob das meins ist?‹ Da war bei mir Schluss, aus. Da hätte ich auch nicht weiterkämpfen können, da war es vorbei. Obwohl er später die Vaterschaft anerkannt hat. Vor dem Gerichtsgebäude habe ich den Kinderwagen genommen und gesagt: ›Schau sie dir noch mal an, es ist deine Tochter! Und nun kannst du gehen.‹ Dann hab ich dich allein groß gezogen.« Wie stolz und selbstbewusst sie in diesem Moment aussieht. »Später musste ich dich in die Wochenkrippe geben, sonst hätte ich das als stellvertretender Direktor nicht geschafft. Ich war noch im Krankenhaus, da hatte meine Schule schon den Krippenplatz besorgt. Nach acht Wochen bin ich dann wieder voll arbeiten gegangen und du warst die Woche über weg. Ich kriegte dich erst Freitagabend wieder. Das habe ich nicht lange durchgehalten.«

Anja ist still geblieben. Hat ihre Mutter reden lassen. Seit Ingrid jedoch von ihr erzählt, wirkt sie angespannt. Die Wochenkrippe scheint ein wunder Punkt zwischen Mutter und Tochter zu sein.

»Immerhin ein Jahr«, sagt Anja.

Ingrid verteidigt sich sofort. »Das war ein schlimmes Jahr. Da kam hinzu, dass ich die Schule wechseln musste. Und dann wurde Oma schwer krank, sie hatte Krebs. Ich konnte nicht mehr. Ja, ein Jahr, dann habe ich gesagt: ›Ich will mein Kind und euren stellvertretenden Direktor könnt ihr euch an den Hut stecken!‹« Sie sucht Anjas Blick. »Vielleicht war es ein Fehler. Obwohl, du hast dich in der Krippe wohlgefühlt und die haben sich rührend um dich gekümmert. Wenn du einen Infekt hattest, dann riefen die mich nicht an, sondern sie ließen das behandeln und gaben mir dann am Freitag nur die Restmedikamente mit. Ich musste mich nicht sorgen.«

Anja ahmt die Sprachmelodie ihrer Mutter nach. »Ich habe da erschütternd wenige Erinnerungen dran.« Dann wird sie wieder ernst. »Aber was ich mittlerweile weiß, ist, dass man damals den Babys in solchen Einrichtungen Beruhigungspillen gegeben hat. Da würde heute jede Mutter auf die Barrikaden gehen.«

Anja erhält 1990 ein gutes letztes DDR-Abitur. Nach der Wiedervereinigung beginnt sie in den alten Bundesländern zu studieren. Im zweiten Studienjahr geht sie immer weniger nach draußen. Verpasst Prüfungen, fühlt sich nicht stark genug für die Herausforderungen. Keine Beziehung hält. Nach dem Studienabbruch und der Rückkehr nach Dresden begibt sie sich in psychiatrische Behandlung, weist sich selber für ein paar Wochen in die Klinik ein. Woher ihr Wechsel aus Ängsten und der Neigung zur Selbstüberschätzung kommt, kann ihr bis heute niemand sagen. Seit sie medikamentös eingestellt ist, bewältigt sie den Alltag wieder gut.

Ingrid reagiert persönlich betroffen. »Davon haben wir nichts gewusst!«

Das lässt Anja nicht gelten. »Aber selbst wenn ihr es gewusst hättet, hättet ihr nichts gemacht!«

»Darum hat sich niemand Sorgen gemacht.« Ingrid klingt hilflos.

Anja schaut ihre Mutter an. »Das eine oder andere Problemchen ließe sich vielleicht eben auch damit in Verbindung bringen. Aber das werden wir nie erfahren.«

»Einfach war es nicht«, verteidigt sich Ingrid. »Sechzig bis achtzig Arbeitsstunden die Woche, einschließlich der Vorbereitungen zu Hause. Die hatten dir in der Wochenkrippe angewöhnt, früh um vier Uhr aufzuwachen, damit alle fertig waren, wenn die Ablöse um sechs Uhr kam. Ich habe Jahre gebraucht, dir das wieder abzugewöhnen. Abends habe ich bis spät gearbeitet am Schreibtisch. Die Nächte waren immer zu kurz. Aber so war unser Leben.«

Anja schaut zum Fenster. Warmes Abendlicht fällt in das Zimmer, auf ihr Gesicht. Sie hat mir einmal ein Kinderfoto gezeigt. Ernst steht sie als Halbwüchsige mit großer Brille an einer steinernen Tischtennisplatte.

Ingrid erzählt weiter. »Manchmal musste ich in die Jugendherberge mit meinen Klassen, und wenn die Oma nicht konnte, musstest du zu einer Schülermutter. Auch wenn du sie nicht kanntest. Das ging auch, da gab es keine Entschuldigung.«

Anja findet zu ihrem ironischen Ton zurück. »Ich wurde immer gern genommen.«

Ingrid überhört die Ironie. »Die Arbeit musste ich durchstehen und ich musste sie ordentlich machen. Ja, und aus Sitzungen konnte ich auch nicht früher gehen. Das mochten sie gar nicht. Da habe ich mich dann mit anderen Müttern abgesprochen. Irgendwie ging es immer. Ich war damals an einer riesengroßen Schule. Mit über dreiundvierzig Klassen. Da war es schwer, alles im Griff zu haben.« Sie redet leidenschaftlich auf Anja ein, die schaut sie an, fast stellt sich so etwas wie Nähe ein. Doch dann wechselt Anja überraschend das Thema: »Welchen Einfluss hatte die Stasi eigentlich in deinem Leben?«, fragt sie jetzt ganz direkt.

Ingrid sieht sie überrascht an. »Stasi hat mich nie interessiert. Ich wusste, dass der Mann der Parteisekretärin bei der Stasi war. Ganz offiziell. Was die machten, wusste ich nicht. Ich hab auch nicht nachgefragt. Ich war da blauäugig.«

Anja lässt nicht locker. »Aber es gab doch Situationen, wo wir in Kontakt damit kamen! Als eine Nachbarin mal befördert werden sollte, kamen zwei Herren im Anzug, die sich bei dir über sie erkundigten. Kannst du dich daran nicht erinnern?«

Die Stimme ihrer Mutter rutscht in höhere Lagen. »Ach ja. Ich habe das nicht eingeordnet.«

»War dein Ex nicht auch …?«, insistiert Anja.

Ingrid fällt plötzlich in einen fröhlichen Plauderton. »Nein … Ja, stimmt, er war Stadtrat für Inneres und später Bürgermeister. Da war er ja automatisch beim MfS. Der hatte eine Pistole, ja, das wusste ich. Aber mehr …«

»Aber hast du mir nicht auch einmal erzählt, die hätten da immer mal wieder auf der Matte gestanden und dich auch gefragt?«, beharrt Anja.

Ingrid zupft an ihrer rosafarbenen Bluse. Ihre Tochter treibt sie zunehmend in die Enge. Da betritt Anjas Lebensgefährtin den Raum, der Kater drängt sich sanft an unsere Beine. Ich schaue über Anjas Kakteensammlung am großen Fenster hinweg nach draußen.

Ingrid stöhnt. »Da war ich so jung. Das ist an mir vorbeigegangen. Was willst du denn noch alles wissen! Ich kann mich an vieles nicht mehr erinnern. Und ich will es auch nicht. Das ist doch heute nicht mehr wichtig.«

Anja sieht sie an. »Für mich schon.«

Ihre Lebensgefährtin verlässt, den Kater im Arm, mit einem Blick auf Anja den Raum. Ingrid holt ihr Telefon aus der Tasche, setzt ihre Brille auf, will sich aus dem Gespräch ausklinken. Anja lenkt ein, versucht zu beschwichtigen. »Ich will es einfach nur wissen. Wir haben über vieles nie gesprochen.«

Ingrid schaut auf. »Und ich will mich nicht rechtfertigen.«

Anja nickt, entschuldigend fast. Ingrid setzt ihre Brille wieder ab. Streicht durch ihre Haare. Ihr fällt es sichtlich schwer, über die Vergangenheit zu reden, ohne sich sofort zu verteidigen. »Einmal stand zur Debatte, ob mein damaliger Mann in den Westen geschickt werden könnte, um Informationen einzuholen. Da wurde auch ich durchleuchtet. Deshalb glaube ich auch, dass ich eine Akte habe. Ich habe sie aber nie angefordert. Es hat mich nicht interessiert.«

Anja spürt, dass sie so nicht weiterkommt. Sie beginnt, von sich zu erzählen. »Ich bin mit Systemkritik das erste Mal an der EOS in Berührung gekommen, ziemlich spät, in der neunten Klasse. Da war ich einigermaßen schockiert. Das kannte ich nicht. Am Anfang dachte ich: Wie können sie die DDR so ablehnen? Dann habe ich angefangen nachzudenken und gefunden, dass viele Punkte nicht aus der Luft gegriffen waren. Die man ansprechen können müsste, aber nicht ansprechen durfte: Umweltschutz, Reisefreiheit, Meinungsfreiheit.«

Ingrid kann das so nicht stehen lassen. »Es gab aber auch kluge Leute. Mein Direktor war so einer. Von dem habe ich viel gelernt, zum Beispiel dass man großzügig sein muss. Einmal kam eine Mutter und wollte für ihr Kind zu Maria Himmelfahrt frei haben. Ich wollte das ablehnen, das gab es doch nicht in der DDR! Da kam er dazu und sagte: ›Selbstverständlich!‹ Das habe ich mir gemerkt. Als ich dann mit den Kindern im Musikunterricht die Internationale singen wollte mit ›Es rettet uns kein höh'res Wesen, kein Gott …‹, da kam ein Vater und sagte: ›Mein Kind kann das nicht mitsingen.‹ Die waren Mormonen. Das musste das Kind dann nicht singen bei mir.«

Anja scheint ihr nicht zuzuhören. Sie schaut sie nicht an; ich spüre, dass sie ihre Mutter so noch nicht entlassen kann. Diesmal nicht.

»Zu Hause warst du weniger großzügig. Wir haben uns seit ich zehn, elf war, so oft gestritten. Bei uns war immer eine gespannte Atmosphäre, ich fühlte mich damals komplett missverstanden und habe darunter gelitten. Du warst unerbittlich in meiner Erinnerung. In der fünften, sechsten Klasse habe ich das auch meiner Lehrerin erzählt. Die hat dann auch mal mit dir gesprochen. Das war dir sehr unangenehm.«

Ingrid antwortet tonlos: »Ja.«

Anja redet weiter. Sie ist nicht vorwurfsvoll, aber klar und bestimmt.

»Das hast du mir gegenüber danach auch zum Ausdruck gebracht. Ich hatte noch kein Bewusstsein, dass Dinge richtig schiefliefen bei uns. Doch die Lehrerin ahnte etwas. Du hattest einfach zu viel zu verantworten. Es war nicht zu schaffen. Und dann so eine rebellische Tochter wie ich. Hilfe gab es für Fälle wie uns damals nicht.«

»Es wäre mir damals gar nicht eingefallen, Hilfe zu suchen«, erwidert Ingrid. »Ich fand das alles normal. Und besser als meine Kindheit. Ich wollte, dass du ein glückliches Kind bist. Glücklicher als ich es war.«

»Ich nehme an, dass du auch darunter gelitten hast, aber du warst erwachsen und hast nichts dagegen unternommen«, sagt Anja. »Und wenn dir dann nichts mehr eingefallen ist, hast du auch zu drastischeren Mitteln gegriffen. Das fand ich noch ungerechter als die Streitigkeiten, Anschuldigungen und Beleidigungen, weil du da ein Mittel genutzt hast, das mir nicht zustand. Da bin ich erst recht ausgetickt.«

Sie schaut ihre Mutter an. Ingrid versucht weiter zu erklären. »Alleinsein mit einem Kind war kein Makel. Das ging vielen Frauen so.«

»Aber nicht alle haben versucht, sich das Leben zu nehmen«, antwortet Anja nach kurzem Schweigen. »Ich war elf ungefähr, als du wahrscheinlich so was wie einen Nervenzusammenbruch hattest. Und ich weiß, dass du mit Schaum vorm Mund überm Gasherd hingst und das Gas aufgedreht hattest und immer gerufen hast, dass du dich jetzt umbringst und ich wäre schuld. Und ich war elf. Das Wort Depression habe ich nach der Wende das erste Mal gehört. Der gute DDR-Bürger wurde nicht depressiv. Und der hatte auch keine anderen Schwierigkeiten. Ich kann mich aber erinnern, dass du auch einmal einen, heute würde man vielleicht Burnout sagen, hattest, überarbeitet warst … was auch immer. Da hat dir deine Ärztin eine Schlafkur verordnet. Kannst du dich daran noch erinnern?«

Ingrid hängt ihren Gedanken nach, sie scheint abwesend und schreckt zusammen bei Anjas direkter Frage. »Nee.«

»Da hat sie dir Schlaftabletten verschrieben.«

Ingrid kann oder will sich nicht erinnern. »Hab ich die genommen?«

»O ja!«, sagt Anja, lauter als vorher. »Drei Wochen wurdest du damit ruhiggestellt. Du schliefst. Machtest offiziell eine Schlafkur.«

Ingrids Stimme zittert. »Das höre ich zum ersten Mal. Ich war manchmal überfordert. Auch mit meinen Erinnerungen. Und Beruf und Kind und kranker Mutter. Dafür habe ich mich aber immer eher geschämt.«

Anjas Stimme ist jetzt sanfter, doch sie ist noch nicht am Ende. »Als ich Anfang der Neunzigerjahre im Westen anfing, Jura zu studieren, brach meine Krankheit aus. Die Lebenssituation nach der Wende war anstrengend für mich. Sehr anstrengend. Eingeschrieben war ich zehn Jahre, wirklich studiert habe ich zwei Jahre. Studienabschluss habe ich deshalb keinen. Aber ich habe mich behandeln lassen. Ich führe heute ein besseres Leben mit meiner Partnerin.«

Jetzt ist es lange still im Raum. Dann legt Anja ihre Hand auf die Hand ihrer Mutter. »Ich bin damit durch. Ich weiß heute, dass es auch für dich nicht einfach war. Über manches denke ich trotzdem immer noch nicht gerne nach, weil mir das immer noch einen Stich gibt. Wir haben uns arrangiert. Meine Wut auf dich und Teile unserer Vergangenheit ist mehr Verständnis und auch Mitleid geworden, auch wenn es ein brüchiger Frieden zwischen uns ist. Wir sitzen hier zusammen. Sieh es doch mal so.«

Ingrid nickt und schneuzt sich geräuschvoll. Dann nimmt sie ihre Tasche und geht ins Bad. Anja steht auf und tritt zum Fenster. Als Ingrid zurückkommt, sieht sie frischer aus. Sie stellt ihre

Tasche weg. »Du hast doch aber einmal zu mir gesagt: ›Ich hatte trotz allem eine schöne Kindheit und du hast dafür gesorgt, dass wir jedes Jahr einen schönen Urlaub hatten.‹«

Anja schüttelt den Kopf. »Schlimm ist, dass du überhaupt da hineingekommen bist und dass keiner da war, um zu helfen.«

Da bricht es unvermittelt aus Ingrid heraus. »Ich habe immer an die DDR geglaubt. Ich habe nie gejammert, auch nicht über unsere viel zu kleine Wohnung. Ich konnte keinen Freund mitbringen und du auch nicht. Aber ich habe gedacht, es gibt andere, denen geht es noch viel schlechter. Als ich dann aber nach dem Mauerfall sah, wie unsere Oberen in Wandlitz gewohnt hatten, da war ich so bedient, dass ich an so etwas geglaubt habe, ich bin sofort ausgetreten aus der SED. Als die ersten Demonstrationen hier bei uns in Dresden anfingen, die führten an unserem Haus vorbei … Ich stand am Fenster und konnte sehen, wie die auf die Demonstranten einprügelten. Da ist bei mir eine Welt zusammengebrochen. Da habe ich dann gewusst, wie dumm ich war. Aber da war es auch zu spät.« Ingrid hat sich in Rage geredet. »Ich bin ein gebranntes Kind. Ich habe in der DDR gelebt, ich habe fast alles geglaubt, und jetzt nicht mehr. Warum verdiente ich danach weniger für gleiche Arbeit? Warum erhalte ich bis jetzt weniger Rente? Ich fühle mich von niemandem richtig vertreten. Da habe ich gerade das erste Mal im Leben nicht gewählt.«

Ingrid hat sich von ihrer persönlichen Geschichte entfernt, darüber fällt es ihr sichtlich leichter zu sprechen. »In den Achtzigern hing mir vieles zum Halse raus. Schüler überzeugen zu müssen, dass sie Offizier werden oder Manöver durchführen, das war alles nicht meins. Wie es sich dann alles geändert hat, das habe ich aber nicht geahnt.«

Anja schüttelt noch einmal den Kopf. »Mir war nach dem 9. November 1989 sofort klar, dass alles anders werden wird.

Nichts wird so bleiben, wie ich es kannte, und ich habe sofort befürchtet, dass viele Dinge nicht besser werden.« An Ingrid gewandt, fügt sie hinzu: »Dich habe ich in der Zeit gar nicht wahrgenommen. Du warst mir auch keine Orientierungshilfe, nein. Ich war einfach mit den bahnbrechenden Veränderungen um mich herum beschäftigt. Du warst mir ein bisschen egal in der Zeit.« Anja lacht sie an.

»Ja, ihr habt tage- und nächtelang diskutiert, aber nicht mehr fürs Abitur gelernt.« Ingrid nickt. »Da habe ich mir Sorgen gemacht. Für deinen Studienplatz musstest du Praktika machen und du hattest einen Platz im Margarinewerk gefunden. Dann wurde ein Werk nach dem anderen geschlossen. Ich habe noch in Berlin an der Humboldt-Uni angerufen, ob sie eine Ausnahme machen würden: nein. Damit war der Studienplatz weg, du hingst in der Luft und warst fix und alle. Da hast du dir dann den Au-pair-Platz in Paris gesucht. Das war schrecklich für mich. Du hast alles allein organisiert und hast dann gesagt: ›In zehn Tagen bin ich weg, Mama.‹«

Anja schmunzelt über ihren damaligen Coup. Ingrid erzählt: »Meine Arbeit lief weiter, aber ich wusste nicht, wie es sich entwickeln würde. Von den sogenannten ›Kadern‹ aus dem Westen, die zuhauf kamen, wurde uns schnell klargemacht, dass unsere Ausbildung und unsere Arbeit der letzten Jahrzehnte nichts wert wären. Obwohl die deutsche Grammatik und die Noten, die ich unterrichtete, ja gleich blieben. Plötzlich kamen Direktoren, die eher Mittelmaß waren, aber alles besser wussten. Die hatten das Sagen und wir mussten stillhalten. Nachdem ich im Osten nicht stillgehalten und mich oft angelegt hatte, musste ich nun die Klappe halten. Der Mauerfall war keine Befreiung.«

Ingrids Misstrauen gegenüber den neuen bundesrepublikanischen Strukturen wäre auch gegenüber den Machthabern in der

DDR mehr als berechtigt gewesen. Ihr Protest heute scheint mir wie eine nachträgliche Korrektur: Noch einmal lassen wir uns das nicht gefallen!

Anja schaut ihre Mutter an. Sie hat selber gerade ihre Arbeit verloren. Ihre Kneipe wurde geschlossen, da der Mietvertrag überraschend nach zwanzig Jahren Betrieb nicht verlängert wurde. Auf dem Arbeitsmarkt gilt Anja trotz ihrer Berufserfahrung als Ungelernte ohne Studien- oder Ausbildungsabschluss. Sie macht nun eine Umschulung zur Steuerfachfrau, um endlich einen Abschluss vorweisen zu können. Trotzdem fällt ihr Resümee anders aus. »Mir hatten Mauerfall und Wende den anderen Teil der Welt dazu geschenkt. Obwohl ich auch viele Ängste hatte. Das, womit uns die DDR versorgt hatte, das trug ich ja noch in mir und das hatte ich auch verinnerlicht. Die Angst vor Arbeitslosigkeit beunruhigt mich bis heute nachhaltig, ich habe gelernt, dass Arbeit zum Menschen gehört. Demokratie ist schwer umzusetzen. Sie ist noch nicht optimal ausgestaltet, aber ist trotzdem die beste Staatsform, die wir bisher hatten. Demokratie bedeutet aber auch, dass Minderheiten leiden, weil die Mehrheit entscheidet. Flüchtlingspolitik, Wirtschafts-, Kultur- und Bildungspolitik gefallen mir nicht. Frauen sind immer noch nicht gleichberechtigt. Aber ich kann hier gut leben, trotz allem, was mich stört. Und sie bezahlen meine Umschulung, dafür bin ich auch dankbar. Es ist hart, mit Mitte vierzig wieder als Anfängerin gehandelt zu werden, aber was soll's.«

Anja, die in Jeans und T-Shirt einen coolen Klub geleitet hat, geht nun in Bluse und Bundfaltenhose ins Büro. »Abgrenzungsritual« nennt sie selber das. »Bis ich wieder so sicher bin wie in meinem Job vorher.«

Ingrid wirkt erschöpft. Anjas Fragen und ihr Insistieren auf ihre anderen Erinnerungen haben an ihren festen Gewissheiten gerührt, ihre als normal erlebte Anpassung, ihre Überforderung und Gefühle der Subalternität, die der Alltag im Sozialismus so oft bereithielt. Diese alte, oft auch unbewusste und verdrängte Scham scheint in vielen Ostdeutschen tief verschlossen. Der gesellschaftliche Umgang der letzten dreißig Jahre mit dieser Scham hat nicht dazu geführt, dass die Menschen sie aufarbeiten konnten, sondern eher zu neuer Beschämung. Das Ergebnis bei vielen wie bei Ingrid: Wut auf die neuen Strukturen und Verdrängung des eigenen Anteils am vermeintlich persönlichen Scheitern. Auch Anja hat sich anscheinend oft als nicht genügend empfunden, doch sie richtet diese Gefühle eher nach innen.

Anjas Lebensgefährtin kommt herein und füllt den Raum mit Geschäftigkeit, sie öffnet das Fenster, klappert in der Küche. Es ist dunkel geworden, Lampen werden angeknipst. Anja holt eine Rotweinflasche, Ingrid lässt sich von ihr zu einem Glas überreden.

Monate später spreche ich wieder mit Anja. Sie hat mit ihrer Mutter nicht noch einmal so reden können, es hat bisher kein Folgegespräch gegeben. Anja zuckt mit den Schultern. »Das, was ich heute bin, hat doch nur noch am Rande mit meiner, also ihrer Vergangenheit zu tun. Wir sind schon selber verantwortlich für unser Leben.«

Im Jahr darauf erfahre ich, dass Anja ihre Umschulung geschafft hat und von ihrem Ausbildungsbetrieb übernommen wurde. Die Bundfaltenhose trägt sie immer noch.

»Ich hatte dann noch einige Männer«

Sandra (*1987) und Annegret (*1965)

Sabine Michel

Ich fahre durch Vorpommern zu Sandra. Vorbei an Feldern bis zum Horizont, in einen kleinen Ort in der Nähe von Greifswald. Auf der einen Seite stehen alte Ziegelsteinhäuser, auf der anderen neue Zweifamilienhäuser. In diese Straße will ich. Die Vorgärten sind ordentlich und hinter den Fenstern hängen ebenso ordentlich Gardinen. Auf den Fensterbrettern stehen meist Orchideen. Hinter den Häusern beginnen große Wiesen und da es viel geregnet hat, sind sie saftig grün. Ich steige aus dem Auto, die Luft ist kühl und klar, und ich denke, was für ein schöner Ort zum Leben. Dann bemerke ich ein merkwürdiges Geräusch, ein Brausen, das nicht näher kommt, ein Druck, der sich nicht auflöst. Ich schaue mich suchend um und entdecke auf der anderen Seite des Ortes riesige Windräder. So nah und so laut habe ich das noch nie gehört.

Sandra öffnet mir die Tür. Ich deute auf die Windräder und sie antwortet: »Ja, hier konnten selbst wir uns eine Haushälfte leisten. Nach den Windrädern haben sie einem die Häuser für 'n Appel und 'n Ei hinterhergeworfen.«

Sie bittet mich herein, bietet Kaffee an und findet dann auch noch einen Teebeutel für mich. Sandra trägt die Haare bis zur Schulter und eine rosafarbene Brille. Die kleinen Zimmer sind aufgeräumt und sorgfältig eingerichtet wie in »Schöner Wohnen«. Wenn die Fenster geschlossenen sind, hört man nichts. Ich frage Sandra, ob man nichts gegen die Windräder tun könne. Sie schüttelt den Kopf. »Wir mussten unterschreiben, dass wir nichts unternehmen würden.«

Sandra hat nach der zehnten Klasse Sozialassistentin gelernt, war dann ein Jahr arbeitslos, um danach Kauffrau für Bürokommunikation zu werden. Anschließend ist sie wieder ein halbes Jahr arbeitslos, bis sie eine Stelle an der Universität Greifswald bekommt. Ihr dortiger Vertrag ist befristet und als sie im Oktober letzten Jahres schwanger wurde, hatte sie große Sorge, dass er nicht verlängert wird.

Ihr Baby liegt nebenan und scheint zu schlafen. Sandra geht aus dem Zimmer, ich schaue mich weiter um. An der Wand hängt ein Plakat des Disney-Musicals »König der Löwen«. Es klingelt wieder. Sandras Mutter Annegret kommt. Sie hat schon eine Schicht hinter sich. Seit sechs Uhr früh putzt sie in einem Supermarkt. Sie steckt kurz den Kopf herein und geht dann ins Nachbarzimmer zu ihrem ersten Enkelkind.

Annegret wurde in Stralsund geboren. Von dort zogen ihre Eltern in ein kleines Dorf in der Nähe von Rostock. Ihr Vater, Jahrgang 1933, in Polen geboren, hatte viele Geschwister. Im letzten Kriegsjahr flüchtete die Familie nach Deutschland, wo sich sein Vater, Annegrets Opa, das Leben nahm. Ende der Fünfzigerjahre lernt Annegrets Vater ihre Mutter kennen, die damals siebzehn Jahre alt ist. Ein Jahr später kommt Annegrets ältere Schwester zur Welt. Annegrets Eltern haben einen Acker und viele Tiere, Schweine, Enten, Hühner und den großen Garten.

Annegret sitzt jetzt neben mir. Die Anfang Fünfzigjährige trägt die grauen Haare sehr kurz, zur blauen, ziemlich engen Jeans einen hellrosafarbenen Pullover. Sie cremt sich die Hände ein. »Das Wasser macht sie so trocken, schrecklich. Ja, der Hof und der Garten, das war hart für uns Kinder, aber auch schön. Ich bin in die Dorfschule gegangen. Da waren erste und zweite Klasse in einem Raum und dritte und vierte in einem anderen. Ab der fünften Klasse bin ich dann in die nächste Kleinstadt mit dem Bus jeden Tag. Ich war Pionier und FDJ, aber Schule war nicht so mein Ding. Ich war faul. Aber auch viel krank. Ich habe zwei Klassen wiederholt und bin nach der achten abgegangen.«

Sandra kommt herein, sie hat nur den letzten Satz gehört. »Damit konntest du etwas anfangen?«

Annegret bietet ihr die Handcreme an. »Ja, das war kein Problem. Früher hat man damit auch eine Lehre bekommen.«

»Nein, danke.« Sandra lehnt ab. »Bruno leckt auch immer mal an meinen Fingern. Wie bin ich mit meinem Zehnteklasseabschluss gerannt, um die erste Lehre zu bekommen. Das war früher besser. Fand Opa die DDR gut?«

Annegret zuckt mit den Schultern und steckt die Creme ein. »Meine Eltern fanden die DDR gut. Sie mussten viel arbeiten, aber besser als heute. Meine Mutter hat später mit achtundfünfzig Jahren aufgehört zu arbeiten. Sie hatte Depressionen. Ich habe das wohl geerbt.«

Darauf geht Sandra nicht ein. »Und Opa? Was hat der gemacht?«

Annegret wühlt in ihrer Tasche. »Der hat in einer LPG gearbeitet. Weißt du, was das ist? Landwirtschaftliche Produktionsgenossenschaft! Aber so genau weiß ich das auch nicht mehr.«

Sandra lauscht kurz, doch im Nachbarzimmer ist es still. »War er in einer Partei?«

»Nee, so politisch war er nicht.« Annegret schüttelt den Kopf. »Er hat so viel gearbeitet.«

»Ja, das hat man gesehen.« Sandra nickt. »Nachher war er ganz krumm. Jetzt ist er fünf Jahre tot.«

Annegret beginnt sich zu ereifern. »Oma ist vierundsiebzig, aber wenn du sie siehst, denkst du, sie wäre neunzig. Sie kann gar nichts mehr.«

Sandra schaut an ihrer Mutter vorbei. »Sie kann schon, aber sie will nicht mehr.«

Annegret redet weiter auf ihre Tochter ein. »Das mach ich alles. Was hat sie früher gekocht. Sie konnte alles. Und jetzt nichts mehr. Aber sie ist nicht allein. Sie hat uns alle noch. Und mich sowieso. Ich mach alles.«

Annegret hat nach Abschluss der achten Klasse bei der Nachrichtenelektronik in Greifswald Löter/Elektromontierer gelernt und später auch dort gearbeitet. Mit neunzehn Jahren hat sie ihr erstes Kind bekommen, Sandras Bruder. Sandra will ihre Mutter auf ein anderes Thema bringen. Sie versucht einen leichten Ton. »Das war ja normal früher, oder? Da war man alt, wenn man mit fünfundzwanzig noch keine Kinder hatte.«

Annegret hat ihre Zigaretten und das Feuerzeug gefunden. »Mit neunzehn habe ich geheiratet. Erst wollte Papa gar nicht. Wie manche Männer so sind. Nur fürs Bett, so ungefähr, aber dann sind wir doch zusammengekommen und waren früh verlobt.«

Sandra lacht. »Dafür, dass er nicht wollte, ging das schnell.«

Annegret dreht eine Zigarette in ihren Fingern. »Wir haben uns zusammengerauft. Zuerst haben wir zu neunt in einer Fünfraumwohnung gelebt. Bei seinen Eltern. Wir zu viert in einem Zimmer. Das war nicht so schön. Die Großeltern waren nicht begeistert. Aber es gab keine Wohnungen.«

Sandra holt einen Aschenbecher aus der Küche. Sie schaut kurz in den Nachbarraum, dann schließt sie die Wohnzimmertür und öffnet ein Fenster. Das Rauschen der Windräder ist laut zu hören. Sandra spricht lauter, um das Geräusch zu übertönen.

»Papa hat erzählt, dass er von seinem Vater öfter eine übergebraten bekommen hat.«

Vorsichtig zündet Annegret ihre Zigarette an, ihr ist deutlich anzumerken, dass sie keinen Dreck machen will. »Ja, er hat viel Schläge bekommen. Hatte keine schöne Kindheit. Und für uns war es auch nicht schön.«

Sandra schiebt den Aschenbecher näher an Annegret heran. »Hat man nicht früher leichter eine Wohnung bekommen, wenn man verheiratet war?«

Annegret atmet den Zigarettenrauch tief ein und aus. »Zuerst nicht. Danach sind wir nach Greifswald in eine Unterkunft gezogen. Da haben wir mit euch beiden Kindern zusammen mit einer anderen Frau in einer Dreiraumwohnung gewohnt. So haben wir fast vier Jahre gelebt. 1988 haben wir dann eine Neubauwohnung im Ostseeviertel bekommen. Unsere erste gemeinsame Wohnung. Das war schön. Aber arbeitsmäßig war es schwierig, seit du da warst.«

»Ach so, ich bin schuld.« Sandra lächelt.

Annegret versucht den Zigarettenrauch von ihrer Tochter wegzuwedeln. Es gelingt kaum. Rauch und das Rauschen der Räder füllen das Zimmer. »Ich war mit dir ein Jahr zu Hause, bis 1988, und kam dann hinterher nicht mehr in meinen alten Beruf hinein. Ich habe dann immer nur noch befristete Stellen bekommen. Dazwischen war ich immer wieder arbeitslos. Einen richtigen Arbeitsplatz hatte ich nie mehr.«

»Aber du warst doch Löterin?«, unterbricht Sandra sie. »Das verstehe ich nicht.«

Annegret nickt. »Ja, ich war fertig mit der Lehre und habe nachher da auch noch gearbeitet, bis du kamst. Dann habe ich aufgehört. Da habe ich auch noch eine Abfindung bekommen. Das war nicht viel. Was weiß ich, tausend Mark. Und als du ein

Jahr alt warst, habe ich mich in der Kantine beworben. Da habe ich zwei Jahre gearbeitet. Und danach im Klinikum, in der Küche, im Altersheim, im Krankenhaus, da habe ich saubergemacht. Ich habe auch schon beim Bäcker gearbeitet, im Kiosk. Was ich alles schon gemacht habe. Ich sehe da selber nicht mehr durch. Getrennt haben wir uns dann 1998.«

Annegret drückt ihre Zigarette aus. Sandra schließt das Fenster, vorher stellt sie den Aschenbecher nach draußen. Es ist wieder still im Raum. Sandra öffnet die Zimmertür, lauscht nach nebenan. Doch da ist es ruhig. »Da war ich zehn Jahre alt. Kann mich noch erinnern. In unserer neuen Wohnung habe ich am Anfang auf einem Klappbett geschlafen.« Plötzlich hört man ihr Baby weinen. Sandra springt auf und verlässt das Zimmer. Ihre Mutter ruft ihr hinterher, sie solle Bruno doch mit herüberbringen. Sandra hört sie nicht.

Nach der Trennung ist Sandra bei ihrer Mutter geblieben, ihr Bruder lebte nun beim Vater. Annegret steht auf, läuft durchs Zimmer, wie nebenbei streift ihre Hand über die Regalfläche. Dann bleibt sie vor einem Foto in einem Schrank stehen, das Sandra und ihren Freund zeigt. Wie zu sich selbst sagt sie: »Ich hatte dann auch noch einige Männer.«

In dem Moment kommt Sandra zurück. Sie steckt ihr T-Shirt in die Hose. Nebenan ist es wieder still. »Ich war dabei. Mirko, Mike, Rico ...«

Annegret setzt sich. »Der Letzte war auch wieder fast vier Jahre.«

Sandra schaut ihre Mutter an. Dann rutscht sie auf dem Sofa an sie heran. »Du hast irgendwie den Hang zu komischen Typen.«

»Das letzte Jahr hat mir den Rest gegeben.« Annegret seufzt. »Ich will nichts mehr mit Männern. Ich hab so die Schnauze voll. Entweder, die soffen ...«

Sandra legt ihr den Arm um die Schulter. »Mirko zum Beispiel war ein total Lieber. Mit dem habe ich mich gut verstanden.«

Annegret sagt trocken: »Aber der hat auch gesoffen.«

Sandra streicht ihr über den Rücken. »Wenn der nüchtern war, war alles gut. Aber zum Schluss wurde das immer schlimmer.«

»Der lebt auch nicht mehr«, sagt Annegret leise.

Sandra nickt. »Ja, und Andreas war auch okay, aber hatte auch seine Macken.«

Sandra war zehn Jahre alt, als ihre Eltern sich trennten. »Für mich war es auch manchmal blöd. Ich habe, bis ich fünfundzwanzig Jahre alt war, bei dir gelebt und war immer dabei.«

Annegret putzt sich die Nase. »Zum Anfang war immer alles schön und nachher haben sie sich von einer ganz anderen Seite gezeigt. Ich habe alles versucht. Aber die sind nicht nett mit mir gewesen. Der Letzte war richtig aggressiv mit mir. Er hat geschrien und ich durfte nichts. Nicht mal mich unterhalten mit einem anderen. Ich leb jetzt so ruhig allein und bin ganz schön ausgelastet. Ich putze im Supermarkt und privat – und komm trotzdem kaum um die Runden.«

Sie greift wieder nach den Zigaretten. Sandra reißt das Fenster auf. Rauch und Rauschen. »Und wie war das früher?«

Annegret steht auf, stellt sich neben sie ans Fenster. Zwei Frauen, hinter ihnen der grüne Garten, dahinter die Windräder. »In der DDR hatte ich keine Konflikte. Schwierig wurde es erst nach der Wende. Ich habe nie mehr durchgehend gearbeitet.«

Sandra schaut auf ihre Schuhe. Sie scheint ungeduldig, aber versucht, freundlich zu bleiben. »Meinst du, das hängt mit der Wende zusammen?«

Ihre Mutter ascht nach draußen in den Garten. Sandra stellt ihr den Aschenbecher hin. »Ich denke mal schon. Die sind heute alle so anders. Früher waren sie nicht so.«

»Wie meinst du das?«

Sandra pustet die Zigarettenasche vom Fensterbrett. Ihre Mutter ascht jetzt in den Aschenbecher. »Na, zum Beispiel wo ich jetzt putze. Die nehmen überhaupt keine Rücksicht und interessieren sich nicht für den anderen. Als Onkel Jens letztens so plötzlich gestorben war, da kam überhaupt kein ›Tut uns leid‹. Die sind so kalt. Das war früher nicht so.«

Sandra nickt. »Stimmt, heutzutage zählt nur die Leistung.«

Sandra ist vor einem halben Jahr hierhergezogen. Sie wohnt nun das erste Mal mit einem Mann zusammen. Alles in ihrer hellen, aufgeräumten Haushälfte scheint anders sein zu wollen als in ihrem Elternhaus. Ich überlege, ob und wie Sandra den Werdegang ihrer Mutter nach der Wiedervereinigung bewertet. Erkennt sie, mit welchen radikal veränderten gesellschaftlichen Herausforderungen sie zu tun hatte; wie schätzt sie Annegrets reale Chancen als Achteklasseabgängerin in der heutigen Leistungsgesellschaft sein? Ich spüre die Verbundenheit zwischen den beiden, aber auch Widersprüche.

Annegret will ihre Zigarette am Fensterbrett ausdrücken, da bemerkt sie den Blick ihrer Tochter und erinnert sich an den Aschenbecher. »Das macht mich fertig. Immer nur arbeiten, arbeiten.« Und mit Blick auf die Windräder, besorgt: »Könnt Ihr überhaupt schlafen?«

Sandra seufzt und schließt das Fenster. »Du bist aber auch immer sehr empfindlich.«

Annegret geht aus dem Raum und kommt mit einem Glas Wasser wieder. »Trotzdem, immer nur arbeiten. Wenn ich merke, dass ich denen total egal bin, fang ich dann auch immer gleich zu weinen an.«

»Aber gab's früher nicht auch die Stasi?«, versucht Sandra zu relativieren.

Annegret ist überrascht von dieser Wendung. Es ist kurz still. Dann sagt sie: »Von der habe ich nichts mitbekommen. Gar nichts. Schlimm wurde es erst nach der Wende und ganz schlimm, seit es den Euro gibt. Mit Hartz IV kommt man überhaupt nicht klar.«

Sandra hat mir vor dem Gespräch erzählt, dass sie wenig wisse über die DDR. Dass es sie auch lange nicht interessiert habe. Nun hat sie jedoch selber ein Kind und könnte auf dessen Fragen einmal wenig antworten. Das war eine starke Motivation für sie, diesem Gespräch zuzustimmen. »Was gab's denn früher für eine Absicherung, wenn man arbeitslos war?«

Es hat den Anschein, als fühlte sich Annegret von den sehr sachlichen, fast distanzierten Fragen ihrer Tochter in die Ecke gedrängt. Sie antwortet weniger wortreich als vorher. »Ich hab immer gearbeitet. Langzeitarbeitslos kannte ich nicht.«

Ihre Tochter lässt sich davon nicht irritieren. »Als du gehört hast, die Mauer fällt: Was hast du da gedacht?«

»Tja. Ich weiß auch nicht. Ich war zufrieden mit der DDR. Da gab es das alles nicht, was es jetzt gibt, aber es war gut.« Ihre Mutter streicht sich über die Arme.

Sandra drängt weiter, versucht so, das Gespräch im Fluss zu halten. »Du hattest dich halt abgefunden damit, was es gab.«

Sobald Annegret Verständnis von Seiten ihrer Tochter spürt, erzählt sie mehr. »Als es dann nach der Maueröffnung plötzlich alles gab, hat man sich auch gefreut. Aber ich hab ja bald gemerkt, dass ich kein Geld dafür habe. Dass ich immer wieder arbeitslos wurde. In der DDR musste ich keine Angst davor haben.«

»Gab es denn, wie hießen die, Montagsdemonstrationen?«, will Sandra wissen.

Annegret fällt es schwer, dem Gespräch über einen längeren Zeitraum zu folgen. Wieder beginnt sie, etwas in ihrer Tasche zu suchen. »Ja klar, aber ich war nicht da. Dein Vater war. Aber ich nicht.«

»Wofür sind die auf die Straße gegangen?«, fragt Sandra.

Annegret ist weiter mit ihrer Tasche beschäftigt. »Was weiß ich. Damit das alles besser wird?«

»Für Arbeitsplätze?«, fragt Sandra, jetzt schon ungeduldiger.

Annegret sitzt da mit ihrer Tasche auf dem Schoß und schaut ihre Tochter irgendwie gequält an. »Nee. Ich weiß noch, die sind … Aber wat nun genau …? Ich weiß das nicht mehr.«

Sandra schüttelt den Kopf, sieht ihre Mutter weiter an, dann geht sie über deren Antwort hinweg. »Hast du dich gesorgt in der Zeit?«

Annegret stellt die Tasche weg, ohne etwas herausgenommen zu haben. Sie atmet hörbar aus. »Sorgen? So richtig nicht. Ich war zufrieden und dann ist es so gekommen. Ich habe mir da nicht solche Gedanken gemacht.«

Sandra versucht es noch einmal anders. »Hattest du Westfernsehen?«

Das Gespräch scheint Annegret anzustrengen. Doch sie begreift, dass ihre Tochter ihr jetzt keine Vorwürfe machen will. Sie hält ihre Hände still. »Hatte ich, aber ich habe nicht gedacht, dass das mich mal betreffen könnte … Arbeitslosigkeit. Es ist ja auch nicht für alle so beschissen. Für mich ist es nicht so gut im Moment.«

»Im Moment? Ist ja eigentlich immer so gewesen.« Sandra schaut ihre Mutter spöttisch an.

Annegret schüttelt energisch den Kopf. »Nee, zu DDR-Zeiten nicht. Erst seit der Wende. Mit der D-Mark ging es auch noch, aber seit es den Euro gibt, ist es extrem.«

»Aber haben wir nicht eigentlich ganz niedrige Arbeitslosenzahlen?«, überlegt Sandra laut.

Annegret versucht jetzt sachlicher zu argumentieren. »Ja? Findest du? Die rechnen doch Ein-Euro-Jobber mit hinein. Das ist doch falsch. Oder Leute, die auf 400-Euro-Basis arbeiten. Die rechnen alle mit hinein. Seit Hartz IV ist es richtig schlimm.«

Sandra schlingt die Arme um den Körper. Sie wirkt unschlüssig. »Aber wie machen das die Frauen in Afrika? Hartz IV ist Scheiße, aber du bist abgesichert.«

Annegret fängt wieder an, sich mit den Händen über ihre Arme zu streichen. »Ja, stimmt schon, aber es ist doch nicht viel. Du weißt doch, dass das nicht viel ist.«

Sandra insistiert. »Ja, ist aber eine Grundabsicherung. Vielleicht müssten einige noch weniger bekommen, damit es einen größeren Anreiz gäbe, sich eine Arbeit zu suchen.«

Annegret sinkt in sich zusammen. »Ich geh ja immer arbeiten, ich such mir was.«

Annegret hat mit ihren Eltern solche Gespräche nicht geführt, über ihr Leben in der DDR hat sie anscheinend bis jetzt wenig nachgedacht. Sie erlebte, dass ihre Entscheidungen oft von anderen getroffen werden, vom Staat DDR, »von denen da oben«. Nach der Wiedervereinigung glaubte sie, einfach so weiterleben zu können mit ihren Gelegenheitsjobs, nur jetzt eben mit Westkaffee. Sich in die neuen Strukturen einzubringen, für sich etwas zu erkämpfen, eigene Pläne zu schmieden und umzusetzen und Konflikten mit Ämtern, Arbeitgebern usw. nicht aus dem Weg zu gehen, fällt ihr bis heute schwer. Eine Weile ging das gut, doch zunehmend scheint sie ihren Status als nicht genügend zu empfinden.

Auch Sandra fällt die Auseinandersetzung nicht leicht, sie sieht, wie schwer ihrer Mutter diese Kämpfe fallen. Sie hat wieder einen weicheren Klang in der Stimme.

»Ja, ich weiß. Ich will auch nicht alle über einen Kamm scheren. Du bekommst ja immer nur eine Aufstockung. Du gehst eigentlich für nichts arbeiten. Wer soll entscheiden, wer weniger bekommt?«

Annegret klingt nun trotzig. »Ich such mir immer was.«

»Du findest immer was.« Sandra nickt. »Aber es ist nie von Dauer. Woran könnte das liegen?«

Beide schweigen. Sandra hört ihr Baby im Nachbarraum und springt wieder auf. Annegret ruft ihr nach: »Warum bringst du ihn denn nicht hierher?« Sandra antwortet: »Weil jetzt Mittagsschlafzeit ist.«

Als sie wiederkommt, ist Annegret, obwohl ich neben ihr sitze, auf dem Sofa eingenickt. Sie ist sehr früh aufgestanden. Sandra streicht ihr über den Arm, sie wacht auf und ist sofort da. »Ich möchte ja arbeiten gehen, aber bestimmte Arbeiten halte ich nicht aus. Jetzt bekomme ich nur noch Jobs auf 400-Euro-Basis angeboten.«

»Was ist denn dein Problem? Was überfordert dich? Ich kann mich da schlecht hineinversetzen«, will ihre Tochter wissen.

»Ich fahr halt auch nicht schnell«, gibt Annegret kleinlaut zurück. »Ich bin langsam. Lasse mich schnell entmutigen. Und jetzt noch die Ausländer, die schnappen mir die letzten Jobs weg. Reden wir nicht drüber.«

Jetzt wirkt auch Sandra ratlos.

»Na gut. Aber es gibt Elterngeld und Kindergeld. Woanders könnte ich jetzt vielleicht nicht zu Hause bleiben. Vielleicht sind wir auch zu verwöhnt.«

»Du hast aber auch schon überlegt, wann du wieder anfängst zu arbeiten und wie viele Stunden. Weil es finanziell eng wird. Lieber würdest du doch zu Hause bei deinem Baby bleiben«, entgegnet Annegret.

Sandra nickt erst, doch dann sagt sie: »Das ist dann aber meine eigene Entscheidung. Und, war das in der DDR nicht auch so?«

Als ihre Mutter nicht antwortet, setzt sie hinzu: »Geschichte war in der Schule nicht mein Lieblingsfach. Die DDR hat mich nicht so interessiert. Im Nachhinein bereue ich das. Manches verstehe ich einfach nicht gut. Zu meiner Schande muss ich das gestehen. Was weiß ich über die DDR? Was man so hört. Diese Geschichten, wie man nach Bananen anstehen musste.«

Annegret ist sofort wieder munter. »Ja, pro Person eine Banane. Da hab ich nur vier bekommen. Wenn Vati dann noch mal gegangen ist, hat er nichts bekommen. Die kannten uns.«

Diese Geschichte scheint Sandra zu kennen, sie lauscht wieder in den Flur, doch es ist still. Sie setzt ihre Brille ab, überlegt. »Ältere Leute sagen immer: ›Früher war alles besser.‹ Aber ich weiß gar nicht, warum. Du sagst, dass du früher leichter Arbeit bekommen hast. Das verstehe ich. Heute musst du einen Zehnteklasseabschluss haben, damit du überhaupt etwas findest. Früher hast du nur sieben oder acht Klassen gehabt und hast trotzdem deinen Ausbildungsplatz bekommen. Aber warum alles besser gewesen sein soll? Das weiß ich nicht.«

Annegret versucht noch einmal, ihre Sichtweise zu erklären. »Die Rente ist auch so etwas. Früher haben alle ihre Rente bekommen und davon konnte man auch leben. Heute arbeiten so viele, die ich kenne, nebenbei, um ein Auskommen zu haben. Obwohl sie ein ganzes Leben gearbeitet haben. Deswegen sagen auch viele Ältere, dass zu DDR-Zeiten alles besser war.«

Sandra nimmt sich eine Zigarette aus Annegrets Schachtel. »Du bist eben ein DDR-Kind. Du willst die Mauer wiederhaben.«

Annegret nimmt sich auch eine. Beide halten ihre Zigaretten, ohne sie anzuzünden. Annegret lacht nicht über den Scherz ihrer Tochter. »Ja gut, ich habe immer überlegt, was ich wann und wo sage. Das schon. Aber ein Wessi bin ich nicht geworden. Ja, ich werde immer ein Ossi bleiben.«

Sandra gibt ihrer Mutter Feuer, dann zündet sie ihre eigene Zigarette an und öffnet wieder das Fenster. »Der Wind sollte heute eigentlich noch drehen. Dann wird es leiser.« Tatsächlich hört man die Windräder nun etwas weniger laut. Sandra atmet den Rauch tief ein. Sie hat viele Monate, die gesamte Schwangerschaft und auch danach, nicht geraucht.

Die beiden Frauen pusten ihren Zigarettenrauch nach draußen. Annegret wird ihre Tasche nehmen und wieder zurück nach Greifswald fahren. Sie hat dort noch einen Termin zum Putzen bei einer Familie, schwarz. Sandra wird lange lüften und dann mit ihrem Baby nach draußen gehen.

Monate später erzählt mir Sandra, dass ihre Mutter nun vollständig von dem ihr verhassten Hartz IV lebt. Als Annegret einen Termin im Arbeitsamt zum zweiten Mal verpasst, werden ihre Bezüge gekürzt. Sandra schlägt ihr vor, auf das Auto zu verzichten, doch das ist für Annegret unvorstellbar.

Sandras Vertrag ist verlängert worden.

»Ich fühle mich nicht wie ein Nazi«
Simon (*1971), Dirk (*1974) und Josephine (*1952)

Dörte Grimm

Mit Josephine und ihren Söhnen Dirk und Simon treffe ich mich in der thüringischen Stadt Ilmenau. Es war eine kleine logistische Herausforderung, ein Treffen mit allen dreien zu organisieren. Simon arbeitet in Bonn und kommt nur zweimal im Jahr in die Heimat. Dirk fährt sechs von sieben Tagen die Woche nachts Taxi. Sabine Michel hatte bei einer Vorführung von »Zonenmädchen« Josephine kennengelernt und ein längeres Gespräch mit ihr geführt, in dem Josephine ihr von ihren drei Söhnen erzählte, Simon und Dirk aus erster, Nico aus zweiter Ehe. Beide Ehen sind inzwischen geschieden. Sabine bat Josephine und später auch Simon und Dirk um ein gemeinsames Gespräch. Aber nun steckt sie mitten in den Dreharbeiten zu ihrem neuen Film und bittet mich, dieses Gespräch zu begleiten. Ich telefoniere mit Josephine und ihren Söhnen, sie sind mit der Veränderung einverstanden. Ich frage, wo wir uns treffen wollen, und so landen wir schließlich in einem Ilmenauer Café. Auf der Straße nieselt der erste Schneeregen, es wird bereits weihnachtliche Musik in den Geschäften gespielt und Glühwein angeboten.

Die Stimmung im Café ist heiter; ich habe keine Ahnung, in welche Richtung sich das Gespräch entwickeln wird. Simon und Dirk erzählen fröhlich, dass sie beide ledig sind. Mit Frauen haben sie keine guten Erfahrungen gemacht. Simon hatte viele

Freundinnen, aber mit keiner war es das Richtige. »Ganz ehrlich, das Geld gebe ich lieber für mich selber aus.« Er lebt lieber allein, gerade jetzt, wo er weiß, was auf ihn zukäme, wenn er sich wieder bindet. »Manche tangiert das nicht, die suchen sich gleich wieder die nächste Frau.« Simon nicht.

Dirk erzählt, wie sein Bruder in heiterem Tonfall, dass er genau zweiundzwanzig Monate lang verheiratet war. Mit dreiunddreißig Jahren hat er eine achtzehnjährige Rumänin geheiratet und sie mit nach Deutschland gebracht. Sein Bruder Simon war kurz zuvor mit ihm in Rumänien und hatte seinen Bruder gewarnt: »Das sind Zigeuner, sieh doch mal hin! Die wollen nur dein Geld.«

»Die hat dich ja nur geheiratet, um nach Deutschland zu kommen!«, mischt sich Josephine ein. »Und dann ist sie als Hure gegangen.«

Ich erschrecke über die Wortwahl und Offenheit. Nicht gerade Political Correctness. Dirk stört das nicht, er nickt. »Ich wollte es nicht wahrhaben.«

Die Geschichte klingt unglaublich. Als er 2007 seine Frau aus Rumänien nach Deutschland bringt, verlangt sie dreitausend Euro monatlich von ihm. »Doch ich hatte nur zweitausendfünfhundert.« Für Dirk völlig unerwartet, knüpft sie Kontakte in einem entsprechenden Club und fängt an, sich dort zu prostituieren. Dirk versucht, sie zurückzuholen, und kommt dabei ungewollt in Kontakt mit der Unterwelt: Ihm wird aufgelauert, er wird bedroht. Von seinen Brüdern unterstützt, marschieren sie zu dritt in den Club und holen seine Frau nach Hause, verstecken sie eine Woche lang in einer Wohnung. »Und kaum war sie wieder draußen, ist sie wieder hingegangen!«, erzählt Dirk. »Also, die wollte das!« Er lässt sich scheiden. Seine Frau bleibt in Deutschland.

»Jetzt sind wir aber abgeschweift«, sagt Dirk lachend. Die Geschichte hat er hinter sich gelassen. Er sagt, er ist froh, allein zu sein.

»Dich nimmt doch keine mehr«, lacht Josephine. Simon fällt ihr ins Wort. »Aber Mutter! Das kann man doch nicht sagen, es ist nie zu spät!«

Josephine wird 1952 geboren. Sie lernt Handelskauffrau und arbeitet in der DDR in einer Kofferfabrik. Als Dirk drei Jahre alt ist, zerbricht ihre erste Ehe, beide Söhne bleiben bei der Mutter. Zwei Jahre später lernt Josephine ihren zweiten Mann kennen, der eine prägende Rolle in der Erziehung von Simon und Dirk einnehmen wird. »Eine knallharte Schule«, nennt es Dirk. Josephine will nicht an die Zeit erinnert werden, Dirk und Simon erzählen mir später mehr.

Der Stiefvater arbeitet als politischer Kader in einem Kombinat für Mikroelektronik. Er gibt politische Schulungen für die Arbeiter, »hat sie auf Linie gebracht«, so Simon. Zu Hause herrscht ein strenger Ton. »Die Partei hat immer recht«, zitieren die Söhne ihren Stiefvater.

Simon erzählt, wie er eines Tages, da muss er sechzehn Jahre alt gewesen sein, vom Freibad nach Hause kommt. Er trägt ein T-Shirt mit einem für die Achtzigerjahre typischen Aufdruck: Miami Beach. Das hat er aus dem letzten Westpaket gezogen, das die Familie von der österreichischen Verwandtschaft geschickt bekommen hat. Der Stiefvater kommt Simon auf der Straße vom Bus entgegen, Feierabend, um sechs Uhr gibt es Essen wie jeden Abend. Als er Simon mit dem T-Shirt sieht, schreit er ihn auf der Straße an und zerreißt das Shirt.

Josephine verschränkt die Arme. »Jetzt übertreib mal nicht!«

Zu Hause angekommen, schneidet der Stiefvater das Logo aus dem Shirt, es bleibt ein großes Loch zurück. »Dann war es wenigstens schön luftig an der Brust!«, witzelt Dirk und Simon lacht mit. Ich frage, ob das damals wirklich so lustig war, die Antwort bleiben mir beide schuldig. Sie sind überzeugt, dass die strenge Erziehung gut für sie war, aus heutiger Sicht. »Pünktlichkeit, Sauberkeit, dass man Achtung vor dem anderen hat. Wenn ich sehe, wie heute manche so erzogen werden, finde ich, haben wir eine gute Erziehung genossen«, meint Dirk.

»Geld war für uns kein Thema«, erinnern sich die Söhne. Der Stiefvater hat nicht nur durch seine Position gute Beziehungen, er ist Imker und spezialisiert sich auf Bienengift, ein Stoff, für den sehr gut bezahlt wird. Auch erbt er einmal eine große Summe. Die Familie besitzt einen Trabant Kübel, die Jungs bekommen Moped und Motorrad, die Familie kauft im Intershop ein. In einem Sommer sieht der Stiefvater während eines Familienurlaubs ein Boot an der Mecklenburger Seenplatte und kauft es spontan. »Dann sind wir halt mit einem Boot wieder zurückgekommen«, erinnert sich Dirk. Wohlstand in der DDR, so konnte das aussehen.

Josephines Mutter ist gebürtige Österreicherin, die nach dem Krieg in Thüringen bei ihrem Mann bleibt. Auch als die Mutter stirbt, bleibt der Kontakt zu ihrer Tante bestehen, sie schreiben Briefe, die Familie bekommt Westpakete. Josephine erhält 1988 die Erlaubnis, die Verwandtschaft in Österreich zu besuchen. Ein Urlaub, der ihr die Augen öffnet. Schon beim Hinflug fällt ihr am Flughafen auf, dass der Flug nicht ausgerufen wird. In Österreich bemüht sich die Verwandtschaft, ihr Land und Leute zu zeigen, Josephine liest österreichische Zeitungen und erlebt einen Kulturschock. »Das waren alles Lügen, was sie uns in der DDR erzählt hatten. Arbeitslos war da keiner. Wer arbeiten wollte, hatte auch Arbeit! Und es gab nicht nur Stellenanzeigen, wo man denken könnte, das machen nur Türken!«

Auf dem Flug heimwärts hört sie die Gespräche der anderen

Passagiere mit und merkt, dass es alles ZK-Mitarbeiter sind, die aus ihrem Urlaub in Österreich kommen. Sie protzen mit ihren neuen Lodenmänteln und reden über den nahenden Zerfall der DDR. Nach der Landung wird Josephines Gepäck durchsucht und man nimmt ihr das Monopoly-Spiel ab, das sie ihrer Familie mitbringen will. Josephine ist stinksauer.

Auf dem Flughafen erwartet sie ihr Mann, er will in der Nähe von Berlin noch einen Jeep abholen, er hat ein Schnäppchen gemacht. Deswegen soll Josephine mitkommen, ihren Mann zum neuen Traumauto bringen, um dann das Familienauto nach Hause zu fahren. Was sie nicht weiß: Die Staatssicherheit ist über ihre Reise informiert und observiert die Eingangstür ihres Wohnhauses. Nach Stunden werden die Spitzel unruhig und klingeln immer wieder an der Haustür.

Simon erzählt, dass er damals zu Hause wartet und anfängt, sich zu sorgen: Wo bleiben meine Eltern? Warum kommen sie nicht nach Hause? Warum stellen mir diese Männer immer wieder dieselben Fragen? Josephine fährt ihn unwirsch an, sie wären doch wiedergekommen, es hätte halt gedauert.

Nach der Reise liegt Josephine für vier Wochen im Bett. Bisher hat sie sich ihr politisches Bild aus einer Mischung aus Tagesschau und Aktueller Kamera zusammengesetzt, aber das Puzzle lässt sich für sie nicht mehr zusammenlegen. »Das konnten nur die merken, die auch einmal rausgekommen sind.« Zu viele Fragen, auf die es keine Antworten gibt. »Danach stand für mich fest: Wenn sie mich noch einmal rauslassen, komme ich nicht wieder!«

Josephine geht eine Zigarette rauchen.

In den Jahren vor 1989 nehmen die Spannungen zu Hause zu. Dirk fällt zunehmend in der Schule auf, er und seine zwei besten Freunde haben nur Unfug im Kopf. Die drei sind vom

Nationalsozialismus fasziniert. Das bemerkt der Klassenlehrer. »Deswegen hat er uns als Faschisten abgestempelt.« Dirk und seine Freunde sehen amerikanische Filme, in einem flieht der Held über die Grenze. Die drei flachsen herum: »Kommt, wir fliehen auch!« Die Grenze verläuft in unmittelbarer Nähe, im Thüringer Wald. Warum eigentlich nicht?

Dirk und sein Freund wissen nicht, dass einer in der Gruppe den Spaß ernster nimmt als die beiden anderen. Nach einem Streit zu Hause klaut Dirks Freund Wanderern im Wald das Fernglas aus dem Rucksack und will tatsächlich »flüchten«. Er läuft ins Grenzgebiet und wird dort von der Grenzpolizei aufgegriffen. Die Staatssicherheit befragt die Lehrer und Schüler der Schule, und die erinnern sich: Klar, die drei wollten doch abhauen! »Dann kam die Stasi in die Schule und hat uns alle verhört, von morgens um sieben bis abends um zwanzig Uhr.«

Der Unfug hat harte Konsequenzen für Dirk, der zu der Zeit gerade eine »Gruftiphase« durchlebt, alle Klamotten sind schwarz gefärbt, auch die Haare. Er ist Klassenbester und soll im nächsten Jahr auf die Erweiterte Oberschule wechseln. Das wird ihm jetzt verwehrt.

Am Tag nach dieser Entscheidung nimmt der Stiefvater eine Hundeschere und rasiert Dirk die Haare ab. »Ich sah aus wie ein gerupftes Huhn und musste Montag so in die Schule gehen.« Dirk lacht. Das war schon alles richtig, findet er, »weil, es hat mich ja dann auf die richtige Spur gebracht«. Haare wachsen wieder nach.

»Sei froh, dass du damals noch so jung warst und nicht mehr passiert ist!«, sagt Josephine. Sie kennt genug Schicksale, die in Gefängnissen endeten. Wie die Tante, die nach einem Fluchtversuch 1975 zweieinhalb Jahre im Gefängnis Schwarzenberg einsitzt. Sie wird von der Bundesrepublik freigekauft, erhält im

Westen Sozialhilfe und muss das Geld später, so Josephines Schilderung, an den Staat zurückzahlen.

Im Hintergrund lässt ein Kellner ein Tablett fallen, es scheppert gewaltig. Das Café hat sich inzwischen gut gefüllt, Alt und Jung trifft sich hier zu Cappuccino und Kuchen. Kein Wunder also, so Josephine weiter, dass diese Tante jetzt sauer auf die Flüchtlinge ist. »Ihr haben sie keinen Zucker in den Arsch geblasen wie jetzt den sogenannten Geflüchteten.«

Keine Relativierung, kein Mitleid mit denjenigen, die auf Schlauchbooten über das Mittelmeer fliehen, weil sie Angst um ihr Leben haben. Josephine, Dirk und Simon argumentieren knallhart. »Geflüchtete, das sind eigentlich nur Leute aus der Stadt Aleppo!«, ereifert sich Simon. Amerika hätte dem Islamischen Staat zur Verbreitung verholfen, die Mächtigen fällten ihre Entscheidungen immer auf dem Rücken der Bevölkerung. Gesteuert wären diese Flüchtlingsbewegungen vom jüdischen Zionismus aus den USA, der die europäischen Staaten destabilisieren wolle, um hier bürgerkriegsähnliche Zustände herzustellen. Die Menschen, die jetzt in Massen hierherkämen, die kämen nur wegen des Geldes. Im Urlaub hat er Ausländer erlebt. Das wäre eine andere Mentalität.

»Das Schizophrene ist«, so Josephine, »die Deutschen liefern Waffen dorthin.«

»Sie liefern mit«, korrigiert Simon.

Simon ist Josephines ältester Sohn und 1971 geboren. Er arbeitet inzwischen bei der Bundespolizei im Bereich Funküberwachung. Eigentlich will er Militärflieger werden, aber er erfüllt nicht die gesundheitlichen Voraussetzungen für den Beruf. Die Funktion seines Stiefvaters öffnete ihm die Tore zu früher Fahrerlaubnis und einem Segelklub, in den er mit dreizehn Jahren eintritt und dessen Drill er als »vormilitärisch« wahrnimmt. Doch die Strenge scheint ihm zu liegen, er bleibt dabei. Nach der Schule beginnt er bei Simson eine KFZ-Mechaniker-Lehre. 1990 zieht er in die alten Bundesländer nach Mainz und findet dort Anstellung in einem KFZ-Familienbetrieb, aber dort sieht er nur, »wie die Mitarbeiter ausgebeutet werden und schrecklich miteinander umgehen«. Er entschließt sich zu einer Umschulung zum Umweltmechaniker und geht 1993 zum Bundesgrenzschutz nach Oranienburg. Seitdem arbeitet er »bei dem Verein«.

Verfügt Simon über andere Quellen für seine Argumentation, frage ich ihn. Nein, antwortet er, aber er mache sich ein objektives Bild, in dem er im Internet alle möglichen Quellen miteinander vergleiche. Dabei will er beispielsweise bemerkt haben, wie alte Fotos in neuen Beiträgen auftauchen und so weiter. »Wofür andere keine Zeit haben oder es nicht wahrhaben wollen.«

Dirk sagt, dass er von dem, was er in »den Medien« wahrnimmt, gar nichts glaubt. »Ich lache darüber, wie die uns verblöden wollen!« Er recherchiert auf ausgewählten Seiten, aber nicht in den sozialen Netzwerken.

Im Hintergrund kracht das zweite Mal Porzellan auf den Boden. »Nummer zwei!«, ruft Josephine und applaudiert. Die Stimmung bleibt heiter.

In der Folge der Umwälzungen nach 1989 schließt die Treuhand Josephines Betrieb, sie wird für ein halbes Jahr arbeitslos. Dann entscheidet sie sich für eine Umschulung zur Versicherungskauffrau und arbeitet anschließend im Außendienst bei Schwäbisch Hall. »Du hattest den Arsch dafür in der Hose«, sagt Dirk anerkennend zu seiner Mutter. In der Zeit arbeitet sie zwölf Stunden und länger im Büro. »Geschenkt wurde dir gar nichts, das hast du dir alles selbst hart erarbeitet.«

Josephine nickt, aber über das Private in dieser Zeit will sie nicht sprechen. Sie geht vor die Tür, rauchen.

Der Stiefvater veröffentlicht noch 1990 einen langen Artikel in der Zeitschrift Freies Wort, der den Sozialismus in den höchsten Tönen lobt. Die Familie reist nach Westdeutschland und der Stiefvater sieht in einer anderen Zeitung, von der er annimmt, sie erscheine nur im Westen, die Kategorie »Such und Find«. Er inseriert zur selben Zeit, in der sein Artikel im Freien Wort erscheint, eine Annonce mit dem Wortlaut »Wer schenkt einer armen Ossi-Familie ein Westauto?« Er denkt nicht nach und schreibt Namen und Adresse unter das Inserat. Seine Kollegen sehen die Annonce und hängen sie fein säuberlich neben seinen politischen Artikel an der Wandzeitung im Kombinat. Peinlich. Alle reden davon, die Kinder werden in der Schule ausgelacht. Josephine versinkt im Boden vor Scham.

Der Stiefvater verliert mit der Wiedervereinigung seine Funktion, seine Bestimmung. Während er zu Hause sitzt und nicht weiterweiß, verdient seine Frau immer besser, feiert erste berufliche Erfolge in der neuen Zeit. Die Leitung einer BP-Tankstelle wird ausgeschrieben und der Stiefvater, studierter Diplom-Chemiker, hat die Qualifikation, sich zu bewerben. »Da ist er größenwahnsinnig geworden«, erzählt Dirk. Er fährt mit Josephine zum Vorstellungsgespräch bei BP nach Berlin. Das Gespräch läuft wunderbar, bis der Stiefvater beim Rausgehen die Herren in den Anzügen noch fragt, wofür eigentlich das »BP« im Namen des Konzerns stehe? »So war er eben, ein Trampel«, sagt Dirk. Der Traum, Chef einer Tankstelle zu werden, ist geplatzt.

Die Ehe zerbricht. Dirk ist überzeugt, dass »die Wende« daran schuld sei, dass Josephine und ihr zweiter Mann sich getrennt haben. Josephine wechselt später noch einmal den Beruf, heute arbeitet sie erfolgreich als Immobilienmaklerin.

Dirk will nach der zehnten Klasse so schnell wie möglich ausziehen und lernt Werkzeugmacher in Erfurt, eine Stelle, die ihm noch sein Stiefvater vermittelt. Im Anschluss absolviert er ein Fachschulstudium für Biotechnologie. Danach ist er lange arbeitslos, nimmt in der Zeit vierzig Kilo zu, hat kaum Kontakt zu seiner Familie. Bei Untersuchungen wird ein Tumor entdeckt und entfernt. Er nimmt wieder ab, schreibt 226 Bewerbungen, findet aber keine Stelle. Nach der Scheidung von seiner rumänischen Frau beginnt er, als Taxifahrer zu arbeiten. Inzwischen leitet er sein eigenes kleines Taxiunternehmen.

Nachts im Taxi trifft er die Leute meist in redseligem Zustand. »Sie denken, den Taxifahrer siehst du eh nicht wieder, und dann fangen sie an zu reden.« Die Gespräche prägen Dirk; er lacht, aber er sagt, sein Menschenbild sei katastrophal, egal ob Männer oder Frauen, »die nehmen sich alle nichts«.

Josephine sagt, sie lebe jetzt zwar in einer gewissen Freiheit, »aber keinesfalls im besseren System«. Sie hebt die Stimme, wird lauter. Wir sollten alle mal die Augen aufmachen! Sie erinnert sich an die Neunzigerjahre als eine Zeit des Aufbruchs und der Hoffnung, die schnell endete. »Ich möchte die DDR auf keinen Fall zurückhaben, aber dieses System lehne ich komplett ab. Das, was wir jetzt haben, diesen Rohkapitalismus, haben wir nicht gewollt!«

Wie ernst sie diese Sätze meint, verstehe ich, als sich mit Simon und Dirk eine Diskussion um die Legitimation Deutschlands als Staat entspinnt. »Deutschland hat immer noch keinen Friedensvertrag, wir leben immer noch im Kriegsrecht«, behauptet Simon. Josephine stimmt ihm zu: »Wir sind noch Reichsbürger, weil wir nur einen Waffenstillstand haben.« Sympathisieren die drei mit der Reichsbürgerbewegung?

Josephine glaubt, die Gesellschaft habe keinen »inneren Zusammenhalt« mehr. »Vielleicht ist es auch gewollt, dass diese Gesellschaft gespalten wird?« Sie sieht mich an. Ich habe darauf keine Antwort, auf die Sätze davor erst recht nicht. War es gut, »dass dich in der DDR der Vater Staat an die Hand nahm und von der Wiege bis zur Bahre durch dein Leben führte«?

Die Systemfrage, sie steht wie ein Elefant im Raum, an dem keiner vorbeikommt. Auch Simon sieht das »System« in der Schuld: »Sie wollen, dass du als Einzelkämpfer mit deinem Scheißleben so viel zu tun hast, dass du einfach nichts mehr mitkriegst!« Von oberster Stelle werde »alles zerstört«.

Josephine sagt, ihr liegt das deutsche Volk am Herzen. Sie möchte die alten Traditionen bewahren, mehr eigentlich nicht. »Das deutsche Volk, das gibt es doch gar nicht mehr«, antwortet Simon. »Wenn du das öffentlich sagst, bist du gleich der übelste Nazi, Mutter! Dafür können die dich in den Knast stecken.«

Josephine nickt. »Aber ich fühle mich nicht wie ein Nazi, mir geht es um Werte.«

Werte. Dirk ist gerade vom Rauchen zurückgekommen. Nachts, wenn die Leute erzählen, erfährt er von den Flüchtlingsunterkünften, »wie es da wirklich ablief«. Die Menschen, die dort arbeiten, unterliegen der Schweigepflicht, im Taxi lassen sie die Luft raus. Wie die Flüchtlinge randaliert, wie sie den Helfern das Essen um die Ohren geworfen hätten, alles vollgeschissen – darüber darf man ja nicht reden! Aber wenn es so ist, wie soll man damit umgehen, fragt Dirk rhetorisch.

Er nimmt kategorisch keine Tunesier mehr im Taxi mit, er ist mehrmals angespuckt worden. Einmal ist einmal zu viel, er erstattet Anzeige. Die Staatsanwältin will ernsthaft gegen den Tunesier vorgehen, doch Dirk zieht seine Anzeige zurück, »die trifft man ja immer wieder«.

Vor kurzem wird er in die Taxizentrale gerufen. Ein Gast hat sich beschwert. Allen Fahrern wird ab sofort strengstens untersagt, sich mit der Kundschaft zu unterhalten. Dirk ist sauer: »Ich habe dieses Jahr das erste Mal seit sieben Jahren Urlaub gemacht. Ich arbeite sehr viel, immer nachts und permanent. Ich habe mir nichts zuschulden kommen lassen. Warum darf ich nicht sagen, was ich denke?«

»Stasi 2.0« nennt Simon diese Art von Umgang mit der Meinung von Menschen in einer Demokratie. In einem Land, in dem Politiker, die keine Ahnung von den Sorgen der Menschen hätten, nur für Lobbyisten arbeiten würden. Es sieht nicht gut aus für Deutschland.

Dirk hatte schon »den Trittin« im Auto, »so ein arrogantes Arschloch«, und »den Sarrazin« ist er auch gefahren. Der unterhält sich mit ihm, »ein dufter Typ«.

Simon sagt, er sei im Herzen Patriot. Im Raucherraum bei der Bundespolizei unterhält er sich mit Kollegen und teilt ihnen seine Meinung über die »Auffanglager« mit. Ein Vorgesetzter bekommt Wind davon und schreit ihn an. Simon hätte einen Eid auf die Verfassung geleistet, was er sich anmaßen würde? »Ich hätte die Fresse zu halten, hat er gesagt. Man darf halt, was man denkt, nicht sagen.«

Wut. Auch Josephine steckt bei ihrer Arbeit in einer Zwickmühle. In ihrer Tätigkeit verwaltet sie auch Häuser und bekommt mehrfach Anfragen von »Ausländern«, die besonders gut Deutsch sprechen und nach Wohnungen suchen. Aber Josephine hat von den Eigentümern – den meisten – strikte Anweisung, nicht an »Ausländer« zu vermieten. »Und ich winde mich dann so wie ein Wurm. Ich kann ja nicht sagen: Der Hauseigentümer hat es verboten! Aber so ist es, die wollen die nicht!« Josephine antwortet in der Regel, dass es ihr leidtue, aber die Wohnung sei schon vermietet, nur das Inserat stehe noch online.

Ich frage, ab wann denn jemand für Simon, Dirk und Josephine »deutsch« sei. »Mit dem Pass«, antwortet Simon. Ich gebe zu bedenken, dass ja viele schon längst einen Pass hätten. Simon korrigiert sich: »Aber das sind dann für mich keine Deutschen.«

Josephine und Dirk fangen an zu kichern. Denken sie, jetzt fängt Simon wieder mit seiner Litanei an? »Ausländer bedeutet für mich halt, kein deutsches Blut, sorry.« Josephine und Dirk kichern wieder.

So geht es weiter. Josephine, Dirk und Simon reden vom »fehlenden Respekt gegenüber dem Eigentum anderer«, Dirks Taxi wurde demoliert. Darüber, dass es keine richtigen Strafen mehr gebe. Die Jugendlichen verlotterten. So etwas hätte es früher nicht gegeben durch die Integration in der Schule, Jung-Thälmannpioniere, die FDJ, das war eine klasse Sache! In diesem System heute sei jeder auf sich allein gestellt. Die Liste dessen, was ihnen nicht gefällt, wird länger und länger.

Im Café sitzen inzwischen kaum noch Gäste, durch das Fenster sehe ich die blaue Stunde in den Himmel ziehen. Es hat angefangen zu schneien. Sie seien sehr ehrlich zu mir gewesen, sagen die drei, als wir uns zum Abschied die Hände schütteln. Ich nicke. Ja, das waren sie.

Ich bleibe noch erschöpft im Café sitzen. Ich habe fast die ganze Zeit über mit meiner Rolle als »Beiwohnerin« des Gesprächs zwischen Dirk, Simon und ihrer Mutter gerungen. Ich will das Gespräch dokumentieren. Wird mir das gelingen?

Als ich im Zug zurück nach Berlin über den Nachmittag nachdenke, fällt mir auf, dass die Härte der gefallenen Worte in einem starken Widerspruch zur Atmosphäre des Gesprächs stand. Josephine, Dirk und Simon waren die ganze Zeit über bestens gelaunt und haben viel gelacht.

Über diese Begegnung werde ich lange nachdenken.

»Es braucht ein Dorf, um ein Kind zu erziehen«

Mara (*1977) und Dietmar (*1948)

Dörte Grimm

Als ich an Maras Wohnungstür in Berlin-Prenzlauer Berg klingle, höre ich ein Baby schreien. Mara ist zur Überraschung ihrer Eltern und Freunde mit neununddreißig Jahren Mutter geworden. Sie öffnet mir die Tür und ich sehe die Übernächtigung in ihren Augen. Der kleine Leo schläft maximal drei Stunden am Stück, und das seit mehreren Monaten. Als Maras Mann dazukommt, um mich zu begrüßen, sehe ich auch ihm die Schlaflosigkeit an.

Maras Vater Dietmar sitzt im Wohnzimmer, die Mutter ist unterwegs, Einkäufe besorgen. Leos erstes Alleinbleiben mit den Großeltern ist geplant und Mara sieht dem Abend skeptisch entgegen. Sie und ihr Mann sind auf einen Geburtstag eingeladen, das erste Mal gemeinsam ausgehen seit Leos Geburt. Sie freuen sich, rechnen aber mit einem vorzeitigen Aufbruch vom Fest: Leo hat strikte Schlafrituale entwickelt. Es ist geplant, dass Mara Leo noch ins Bett bringt, bevor sie aufbrechen. Die kritische Phase wird nach drei Stunden erwartet, wenn Leo aufwacht und dann zum ersten Mal nachts seine Großeltern sieht, nicht seine Eltern.

Maras Mann wickelt Leo in ein Tragetuch, setzt sich eine Sonnenbrille auf und macht mit ihm einen Spaziergang. Ich bleibe mit Mara und Dietmar in der Küche, Mara setzt noch eine Kanne Kaffee auf und wir fangen an zu reden.

Mara geht an den Anfang der Familiengeschichte in der Brandenburger Kleinstadt zurück und will wissen, wie sich Dietmar und ihre Mutter kennengelernt haben. Da gab es doch diese Geschichte auf einem Tanz? Ja, das stimmt schon. Dietmar geht seiner Schwester zuliebe, die gerade sechzehn geworden ist, mit auf den Tanz. An dem Abend haben die Puhdys im Kulturhaus gespielt und danach gibt es Disco. Aber eigentlich hat Dietmar keine Lust auf die Ausgeherei. Der Sport ist ihm wichtiger.

»Echt? Dabei bist du so ein Tänzer«, wundert sich Mara.

»Ich konnte doch nicht die halbe Nacht zur Disco gehen und am Sonntag früh zum Fußball fahren, das ging ja nicht.«

Dietmar lernt seine Frau mit vierundzwanzig Jahren kennen, 1972. Aber sie heiraten erst zwei Jahre später, das wundert Mara, als sie jetzt darüber nachdenkt. »Ich wusste einfach nicht, was ich damals machen sollte«, erklärt Dietmar. Eigentlich will er nicht heiraten. »Ich hab mich gefragt: Willst du dir das wirklich antun? Ich hatte meine Hobbies, den Sport … und mit einer Frau muss man sich dann anpassen – gegenseitig, dann musst du ja alles umkrempeln.«

»Ich wusste gar nicht, dass du so mit dir gerungen hast. Oder ging es nur darum, dass du eigentlich zu jung warst?«

Dietmar überlegt. »Ja genau, eigentlich fand ich, ich war zu jung zum Heiraten.«

»Wärst du in den Neunzigerjahren geboren«, antwortet Mara, »wärst du mit vierundzwanzig einfach in Therapie gegangen und hättest das Problem so gelöst.«

Als Dietmar so alt ist wie Mara jetzt, hat er sich mit seiner Frau und den zwei Kindern gut in seinem Leben eingerichtet. Die Familie hat im neuen Wohngebiet eine Dreiraumwohnung erhalten, die Kinder gehen in die Schule. Zu seiner Arbeit im Zahnradwerk ist es nicht weit und er ist mit seinem Sport mehr als ausgelastet: »Man brauchte sich um nichts Gedanken machen, um nichts! Das war eine glückliche Zeit!«

Mara erinnert sich, dass es für ihre Eltern damals schon wichtig war, dass sie und ihr älterer Bruder Peter »in der sozialistischen Spur« klarkommen. Als Mara Gruppenrats- und Freundschaftsratsvorsitzende wird, gibt es Applaus von Mama und Papa, aber sonst »sind Peter und ich nebenhergelaufen, hatten beide einen Schlüssel und waren immer nur draußen unterwegs«.

Die Arbeitsstätte von Dietmar, das Zahnradwerk, nennt Mara den »heiligen Gral der Familie«. Der Vater führt sie und Peter oft durch die Hallen und zeigt ihnen, wie dort gearbeitet wird. »Arbeit ist das Allerwichtigste«, in dem Bewusstsein wachsen die Geschwister auf. Und das bedeutet, was angesagt wird, wird auch gemacht. Wenn man etwas anfängt, dann bleibt man auch dabei, nicht »heute hier und morgen da«.

Dietmar lächelt und erzählt, wie er das Sportfest des Betriebes mitorganisiert in einer Zeit, in der er noch in drei Schichten arbeitet; gar nicht so leicht, alle Arbeiter zu erreichen. Und er verteilt die Skat-Turniere im Schichtbetrieb, das nennt sich dann »Schicht-Preisskat«.

Mara lacht. »Nischiger geht's nicht, oder?«

Ab und zu hilft Mara ihrer Mutter sonnabends im Blumenladen. Dann stellt sie sich auf die Zehenspitzen, um die Nummern auf der Kasse zu sehen, und darf kassieren. Das gefällt ihr, »das war wie richtig im Laden arbeiten«.

Dietmars Mutter arbeitet in einem Fleischerladen, ein Glücksfall für die Familie. Im Land der Beziehungen fallen im Tausch allerlei Dinge ab, die andere Menschen herbeisehnen: frisches Obst, auch Bananen, Apfelsinen, und Textilien. Die Beziehungen der Mutter im Einzelhandel reichen so weit, dass Dietmar sie bittet, deren Bekannten »Bescheid zu geben, wenn die nächste

Moped-Lieferung kommt«. Und bei der nächsten Lieferung ist tatsächlich etwas für ihn dabei.

Peter und Mara werden zur Selbstständigkeit erzogen. In der Zeit, in der Dietmar noch im Schichtbetrieb arbeitet und die Mutter nicht früher aus dem Blumenladen kommt, landen die Kinder oft nach regulärer Schließzeit auf der Couch der Krippen- oder Kindergartenleitung. »Es braucht ein Dorf, um ein Kind zu erziehen«, nennt Mara das, findet die Vorstellung aus heutiger Perspektive aber auch befremdlich. Sie erinnert sich an die Geschichte, dass ihre Mutter sie einmal mit ihrem Bruder zu Hause allein lässt und einkaufen geht. Da ist Peter drei Jahre und Mara gerade mal ein Jahr alt.

Mara genießt durch ihren zwei Jahre älteren Bruder viele Privilegien. Eigentlich sind die beiden ununterbrochen im Wohngebiet unterwegs, dort wohnen viele Familien und viele Kinder, immer ist etwas los. »Wenn ich gefragt werde, welche Kinderbücher ich als Kind gelesen habe, muss ich immer sagen: Keine, wir waren immer nur draußen.« Und zu Dietmar: »Und zum Fernsehen hast du immer gesagt: ›Braucht ihr nicht, geht raus!‹ Und so war es.«

Absoluter Höhepunkt für den Sportler Dietmar ist 1985 eine Einladung zum Turn- und Sportfest nach Leipzig. Dietmar und fünf weitere Freunde haben sich auf Bezirksebene für die Teilnahme qualifiziert und staunen über die Verpflegung und Unterbringung der Sportler. »Das war schon ein krasser Widerspruch zwischen der Provinz und Leipzig.« Hat die DDR doch mehr zu bieten, als Dietmar bisher dachte?

Sport, Arbeit und Sport, so kategorisiert Dietmar augenzwinkernd seine Interessen, und Mara spielt mit: »Der Sport ist die Partei!« Dietmar holt aus und erzählt von einem Vorfall im Betrieb. Die Hallenbeleuchtung fällt aus und ein Mitarbeiter aus der

Warenkontrolle weigert sich, die Metallteile abzunehmen. Dietmar versichert ihm, die Verantwortung zu übernehmen, auch er habe eine Vorgabe zu erfüllen, in acht Stunden müsse eine Warenleistung zum Verkauf gebracht werden. Er brüllt den Kontrolleur an, er hätte zu tun, was er sage, sonst könne er seine Sachen nehmen und gehen. Der Mann geht.

Aber das ist nicht das eigentliche Problem, der Kollege ist ein super Fußballer. »Ich brauchte den doch in der Mannschaft!« Mara muss lachen: Darum ging es eigentlich. »Ich war wirklich in der Zwickmühle, Zahnradwerk oder Sport!« Nach ein paar Tagen sehen sich die Kollegen wieder in die Augen, alles nicht so schlimm.

Mara fragt Dietmar, warum er nicht in der Partei war. Die einfache Antwort lautet: »Wenn die Einstellung stimmt, brauchst du kein Parteiabzeichen.« Doch in der Verwandtschaft gibt es Menschen, die der Partei näherstehen als gedacht. Dietmar wird 1986 ins Sekretariat des Betriebes gerufen, jemand von der Staatssicherheit will ihn sprechen. Die Männer wollen ihn »gern einmal zu Hause besuchen«. An die Herren im Anzug kann auch Mara sich erinnern, sie ist damals neun Jahre alt. Die Stasi will den elf Jahre alten Peter zum Wachregiment »Feliks Dzierzynski« anwerben, zu DDR-Zeiten eine hohe Ehre, es winkte eine militärische oder geheimdienstliche Laufbahn. Für Dietmar ist das eine schwere Gewissensfrage – soll, darf er für seinen Sohn diese Art von Entscheidung fällen?

Mara sagt, sie dachte immer, Peter hätte das selbst entscheiden sollen. »Nein, das war unsere Entscheidung«, erinnert sich Dietmar. »Aber ich hatte Angst, die Stasi im Nacken zu haben, wenn ich ablehne.« Für ihn steht fest, er will seinem Sohn nicht die Zukunft verbauen. Er nimmt all seinen Mut zusammen und sagt den Männern: »Ich kann das nicht, ich mache das nicht mit und ich will nicht, dass Sie mich in Zukunft noch einmal fragen.« Er ist erleichtert, als er wirklich in Ruhe gelassen wird. Er kann weiter seiner Arbeit nachgehen und Sport treiben. Drei Jahre später fällt die Mauer.

Dietmar erfährt erst viel später, woher der staatstreue Wind wehte und wer ihn vor diese Gewissensentscheidung stellte. Der Mann seiner Tante hat sich zu der Zeit für die Leitung der Staatssicherheit in der brandenburgischen Kleinstadt beworben und versucht, in den eigenen Reihen zu rekrutieren.

Mara fragt Dietmar, ob über ihn eine Akte bei der Staatssicherheit geführt wurde, doch er schüttelt den Kopf. »Hast du keine oder willst du es nicht wissen?«, hakt sie nach.

»Als ich das erfahren habe, dass mein Onkel hinter der Sache mit Peter steckte, war ich echt baff!« Damit steht für Dietmar fest, es muss ein Vorgang darüber angelegt worden sein, sprich: Es muss eine Akte über ihn geben. Mara fragt weiter, ob er die Akte nicht anfordern mag, doch Dietmar will nicht wissen, »was da drinstehen könnte«.

Die genaue Erinnerung an den 9. November 1989 stellt sich bei Mara und Dietmar auch nach all den Jahren nicht ein. »Wahrscheinlich war man da dem Heulen näher als der Freude«, sagt Dietmar und meint die Erleichterung, dass alles so friedlich vonstattenging.

An die Zeit eines nahenden militärischen Konfliktes kann sich Dietmar gut erinnern. Als er von 1967 bis 1969 in Prora auf Rügen die Grundausbildung der NVA absolviert, werden er und die anderen Rekruten nach Klingenthal an die tschechische Grenze versetzt, um den russischen Streitkräften während der Unruhen in Prag 1968 zur Seite zu stehen. Doch nach dem Einmarsch der Sowjets in Prag beruhigt sich die Lage, die Truppen fahren zurück nach Prora.

Mara zögert, aber fragt dann nach der Zeit nach dem Mauerfall, in der Dietmar entlassen wurde. »Das hat dich hart getroffen, oder? Da hast du zwei Jahre lang fast gar nicht mehr gesprochen.« Dietmar redet nicht über seine Gefühle damals. Ist es nicht leichter, die Fakten zu benennen? Er berichtet, wie 1990 ein Insolvenzverwalter, McKinsey, ins Zahnradwerk kommt. Ein Mitarbeiter prognostiziert damals auf der Belegschaftsversammlung: »Ihr werdet euch wundern: Von den 1600 Leuten hier werden nicht einmal zehn Prozent übrigbleiben.« Und so kommt es, als der Betrieb 1992 übernommen wird.

Es wird ein »Sozialplan« erstellt, Dietmar werden die Arbeitsjahre angerechnet, als er 1992 mit Abfindung gekündigt wird. Er geht in eine Auffanggesellschaft, die ihn in eine Firma für Solaranlagen vermittelt, die Fördermittel bekommt. Dort beginnt er, wieder als Schleifer zu arbeiten. »Wir waren so froh, dass wir erst einmal abgesichert waren.« Als nach einem Jahr die Fördermittel auslaufen, wird er wieder arbeitslos. Über das Arbeitsamt erhält er eine MAG-Maßnahme in einem Druckereimuseum, danach findet er Anstellung in einem Sondermaschinen-Betrieb.

Doch mit dem neuen westdeutschen Chef gibt es Probleme, Dietmar hält mit seiner Meinung nicht hinterm Berg. Er stößt auf Widerstände und hält sich schließlich zurück, er will seine Arbeit nicht verlieren. 2005 eröffnet sich ihm über Bekannte aus dem Zahnradwerk eine neue Stelle als Zahnbankschleifer in einer Firma für Antriebselemente. Er spricht mit dem neuen Chef, bevor die Stelle in der Zeitung überhaupt ausgeschrieben wird. Zwar muss er nun zwanzig Kilometer zur Arbeit mit dem Zug fahren, aber das nimmt er gern in Kauf. Dem alten Chef legt er stolz die Kündigung auf den Schreibtisch. »Dass ich als Ossi wage, ihm eine Kündigung auf den Tisch zu legen, war für den unfassbar. ›Ich denke, euch geht's so schlecht und ihr braucht alle

Arbeit!?‹, sagte der noch provozierend.« Doch Dietmar antwortet nicht mehr, er dreht sich um und verlässt das Büro. Bei der neuen Firma bleibt er, bis er mit fünfundsechzig Jahren in Rente geht.

Mara blickt ihrem Vater ins Gesicht. »Mein Gefühl war, dass über die Jahre so eine Schwere bei uns einzog.«

Dietmar will das relativieren, aber so recht gelingt es ihm nicht. Es ging ihnen ja nicht wirklich schlecht. »Wir mussten uns eben umstellen und sehen, wie es weitergeht.« Von der DDR wird heute als Staat gesprochen, in dem es sich ohne Vitamin B nicht gut lebte, aber, so meint Dietmar, heute wäre das noch wichtiger: »Wenn du niemanden kennst, bist und bleibst du niemand.«

»Money makes the world go round, das ist einfach so«, sagt Mara. Sie arbeitet bei einem deutschen Filmfestival. In ihrem Beruf hat sie viele internationale Kontakte und glaubt, dass sich die Welt der Arbeit in den nächsten Jahren komplett verändern wird. Dass neue Generationen andere Werte einfordern werden, die mehr Zusammenhalt und Gemeinschaft verlangen. »Es ist schade, dass wir das Gefühl, den Zusammenhalt von damals nicht haben rüberretten können in das marktwirtschaftliche System.«

Doch eine Frage stellt sich Mara oft: Ist der Mensch zu wahrer Gemeinschaft überhaupt fähig, ist er dafür geschaffen? »Wir hatten als Ostdeutsche ja keinen anderen Genpool.« Hat der Mensch ein finanzielles Sättigungsgefühl? Er schaufelt und schaufelt, doch er wird nicht satt.

Als Mara 1997 das Abitur ablegt, aktivieren Dietmar und seine Frau ihre Beziehungen – Maras Tante arbeitet in der Kleinstadt bei einer Bank – und sind mehr als glücklich, als sie eine Lehrstelle in der Sparkasse für Mara organisieren können. Wie weit sich ihre Tochter damals schon aus der Heimat wegträumt, wissen sie nicht. In der Kleinstadt zu bleiben ist für Mara wie für viele ihrer Generation keine Option. »Ich habe keine Sekunde darüber nachgedacht, ob ich das will oder nicht.«

Dietmar und seine Frau möchten, dass Mara in ihrer Nähe bleibt, »etwas Solides« lernt, und versuchen, sie beim Abendbrot im Wohnzimmer zu überzeugen. »Ich habe zu euch gesagt, wenn ihr mich für den Rest meines Lebens unglücklich sehen wollt, dann gern. Sonst lasst mich einfach machen und ich finde meinen eigenen Weg.« Seit dieser Zeit sagen Maras Eltern zu Ideen, die ihre Tochter mit nach Hause bringt, meist nur: Na gut, mach einfach.

Mara ist die Erste in ihrer großen Familie, die studieren geht. »Ihr konntet mir ja nicht viel raten in der Zeit, ich hatte keine Hilfestellung.« Das Studium finanziert sie sich mit Hilfe von Bafög selbst, ihre Eltern haben keine Rücklagen.

»Wenn wir früher gewusst hätten, dass du studieren wolltest, hätten wir Geld angelegt«, sagt Dietmar leise.

Stille.

»Das klingt jetzt vielleicht hart, aber es sieht eher so aus, als wärt ihr die Verlierer der Wende ... oder nicht?«, fragt Mara. Es wird noch stiller in der Küche. Ich staune, wie Mara es geschafft hat, diese Frage so ehrlich zu formulieren. Sie weiß, wie nah ihren Eltern dieses Thema geht. »Ihr konntet ja nicht ahnen, wie sich alles entwickelt.« Dietmar antwortet nicht.

Mara geht 1997 nach Frankfurt/Oder, um dort Kulturwissenschaften zu studieren, aber sie langweilt sich schnell, ihr fehlt der Praxisbezug, die Herausforderung. Die sucht und findet sie, als sie sich an der Hochschule der Künste in Berlin für Gesellschafts- und Wirtschaftskommunikation bewirbt und angenommen wird. Nebenbei arbeitet sie bei Mannesmann in der Kundenbetreuung, gründet mit ihrem Freund in Potsdam ein Stadtmagazin und klebt Wahlplakate für den SPD-Landesverband. Dann schnuppert sie bei einem Filmverleih zum ersten Mal in die Filmbranche. Dieser Kontakt nach außen, das Kennenlernen von Menschen, die von überallher kommen, fasziniert sie. Sie weiß schnell, in dieser Welt will sie arbeiten.

Mara glaubt, für die Familie eine prägnante Rolle übernommen zu haben, »weil ich die Erste war, die die Dinge auch ausprobiert und vorgekostet hat«. Nach dem Studium geht sie für ein halbes Jahr nach Kalifornien. Sie kann sich nicht sattsehen an der Vielfalt, die ihr dort begegnet, sie arbeitet beim Goethe-Institut und organisiert das »Berlin and Beyond«-Filmfestival mit. Wenn sie nicht arbeitet, ist sie mit der Kamera in der Stadt unterwegs. Sie schläft wenig in dieser Zeit.

In San Francisco sieht sie auf den Straßen die ersten Obdachlosen und staunt darüber, dass jeder, den sie kennenlernt, in mindestens zwei oder drei Jobs arbeitet. 2002 ist ihr noch nicht klar, dass diese Entwicklungen der Marktwirtschaft schon bald auch in ihr deutsches Leben Einzug halten werden.

Dietmar sagt Mara, wie sehr er über ihren Mut gestaunt hat. »Du hast immer irgendwie schon gewusst, was du wolltest und was du dafür unternehmen musst, um es zu bekommen.«

Mara nickt, beide schweigen wieder.

»Aber von dir habe ich gelernt, die Dinge nicht so hinzunehmen, dass man sich auch wehren kann. Wenn ein Brief mit einem Behördenstempel kam, hat Mama immer gesagt: ›Ich glaube, ich muss gleich den Herzschrittmacher einschalten!‹ Aber dein erster Satz war immer: ›Da legen wir erst einmal Widerspruch ein!‹« Und Dietmar hat sich belesen, wo es ihm möglich ist, oft erfolgreich.

Dietmar will wissen, ob Maras ostdeutsche Herkunft bei ihrer Arbeit eine Rolle spielt. Mara erzählt, dass sie einmal eine amerikanische Chefin hatte, die einen langen Artikel zum Mauerfall gelesen hatte und sich mit ihr darüber austauschen wollte. Mara ist nicht mal überrascht, als sie ihr Fragen wie »Habt ihr in Angst und Schrecken gelebt?« und »Hattet ihr zu essen?« stellt. Alle wissen zu wenig über das Leben in der DDR, es sind Bilder entstanden, die verschlagworten und polarisieren.

Mara berichtet weiter, wie auf dem Filmfestival, für das sie arbeitet, der 1980 gedrehte DDR-Film »Solo Sunny« lief und sie sich fragte, ob »die in der Postproduktion irgendwie gepennt und die Farben vermatscht haben«, bis sie sich erinnert, dass die Fassaden ihrer Kindheit ebenso grau aussahen wie die im Film. »Ich dachte, o Gott, wie trist! Aber wenn du es nicht anders kennst, dann ist es eben so.«

Was wäre aus ihr geworden, wenn es keine friedliche Revolution gegeben hätte? Mara sagt, dass sie diese Frage eigentlich nicht beantworten kann. Wäre sie eine rote Socke geworden? »Hätte liegt im Bette«, meint sie pragmatisch. »Viel wichtiger ist doch die Frage, was aus dem Land geworden wäre. Es war doch bankrott!«

Das ist der Moment, in dem Dietmar wieder zu Worten findet. Er glaubt, die fehlende Reisefreiheit war der entscheidende Faktor für den Niedergang des Systems. Und die Misswirtschaft, die Dumpingpreise für subventionierte Lebensmittel, Mieten und Kinderversorgung. »Das Geld musste doch irgendwo herkommen.«

Mara wird noch direkter: »Aber ihr habt doch die neue Freiheit, die Reisefreiheit, überhaupt nicht genutzt, seid nie weggefahren und habt euch die Welt angesehen!«

Dietmar verstummt wieder.

Mara glaubt, dass die gewonnene Offenheit, die Welt der Möglichkeiten ihre Eltern mehr überfordert, als sie wahrhaben wollen. Um ihnen den Alltag zu erleichtern, hat sie ihnen ein Tablet für das Onlinebanking geschenkt. Dietmar will damit nichts zu tun

haben, »auf keinen Fall! Da wird doch mein Account gehackt!«
Mara muss lachen: »Papi, eure drei Kröten interessieren wirklich keine Sau!« Doch Dietmar sagt, er glaube, diese »Systeme« wie das Internet verselbstständigten sich und seien irgendwann nicht mehr zu beherrschen. Danach ist er wieder still.

Mara denkt, dass mit den Jahren der soziale Zusammenhalt für ihre Eltern zusammengebrochen ist. Durch den Verlust des Arbeitsplatzes für Dietmar. Seine Frau erlebt im Blumenladen schlimmes Mobbing und verliert ebenfalls ihren Job. Sie kämpft um Frühverrentung; alles, nur nicht arbeitslos sein. Als die Oma stirbt, entflammt ein Erbstreit unter den Geschwistern, auch der Zusammenhalt in der Familie bröckelt. »Und jetzt schottet ihr euch ab, alles ist euch zu bunt, zu laut, zu schnell, zu stressig, zu unsortiert.«

Dietmar schaut Mara an. »Ja, das ist es ja auch, ich könnte niemals in Berlin leben!«

Mara sagt, sie habe meinen Dokumentarfilm gesehen und sich darin wiedergefunden. »Mir ist klar geworden, dass ich an irgendeiner Stelle unseres gemeinsamen Familienweges abgebogen bin.« Sie meint damit mehr als den natürlichen Abnabelungsprozess, den alle Kinder auf dem Weg ins Erwachsenendasein durchleben. Ihre Welten, ihre und die ihrer Eltern, sind sehr weit voneinander entfernt.

Als Mara ihren Eltern voller Stolz berichtet, dass sie einen Vertrag bei einem deutschen Filmfestival erhalten hat, sie sogar als Erste in einer neuen Sektion einen derartigen Vertrag bekommt, können die beiden sich nicht richtig freuen. Was, der Vertrag ist auf nur zwei Jahre befristet? Mara kann ihren Eltern nicht erklären, wie groß der Schritt für sie ist, in dieser Position zu arbeiten, und dass sie kaum noch jemanden kennt, der unbefristete Verträge erhält.

»Natürlich sind wir stolz auf dich«, antwortet Dietmar auf die nicht gestellte Frage. »Es ist nicht mehr wie früher, es hat sich alles verändert.« Das weiß Mara. Sie fordert von ihren Eltern, sich zu öffnen, sich wenigstens zu interessieren. Doch die Fragen, die zu diesem sich Öffnen führen könnten, stellen die beiden nicht.

»Wenn wir zusammenkommen, geht es immer nur ums Essen. Natürlich soll es allen schmecken, aber deswegen treffen wir uns doch nicht. Warum reden wir nicht? So einen Dialog, wie wir ihn jetzt führen, so etwas gibt es bei uns doch gar nicht!«

Die Tür öffnet sich und Maras Mann kommt mit dem kleinen Leo zurück. Ihm ist kalt, er ist zu dünn angezogen für die Jahreszeit. Leo fordert sofort seine Mutter ein, jetzt wird gestillt. Dietmar sitzt zunächst schweigend am Tisch, dann spricht er mit mir und Maras Mann. Das Telefon klingelt und Dietmars Frau, Maras Mutter, kündigt sich an. Sie kauft im Supermarkt für das Essen ein. Wenn sie zurückkommt, soll es Kohlrouladen geben.

Als ich später noch einmal mit Mara rede, kann sie sich kaum mehr daran erinnern, was bei unserem Treffen mit Dietmar alles besprochen wurde. War sie übernächtigt, hatte sie eine Stilldemenz?

Gerade hat sie sich mit der Impfpflicht für ihren Sohn beschäftigt. Dagegen ist sie nicht, aber hinsichtlich der Rotaviren stehe die Expertise Frankreichs völlig konträr zu der Deutschlands, sagt sie. »Wie können zwei benachbarte Länder in so einem wichtigen Punkt zu einem so unterschiedlichen Ergebnis kommen?«, fragt sie mich. »Warum macht man das nicht einheitlich?«

Ich weiß es nicht.

Mara erzählt mir, dass sie den Gesprächsfaden mit Dietmar immer wieder aufnehmen will, wenn sie in der Heimat ist. Aber es ergibt sich einfach nicht.

»Ich war schon sehr kritisch durch meine Mutter«
Katrin (*1974) und Brigitte (*1944)

Sabine Michel

Katrin winkt mir von ihrem Balkon aus zu. Man sieht sie kaum zwischen ihren üppig wuchernden Pflanzen. Sie wohnt in der Beletage eines schönen alten dreistöckigen Hauses im Berliner Bezirk Treptow-Köpenick. Alte, dicke Bäume säumen die ruhige Straße. Es ist Sommer und obwohl die Sonne scheint, ist es schattig und angenehm kühl. Laut fällt die Haustür hinter mir ins Schloss, im Treppenhaus hängen Bilder an den Wänden und auch hier stehen auf den Fensterbrettern Pflanzen.

Katrin begrüßt mich im knöchellangen Rock und barfuß. Ihre Zehennägel sind rot lackiert. Sie bittet mich in die Küche mit dem großen runden Tisch, auf dem schon drei Teegläser stehen. In dieser Wohnung lebt Katrin schon lange, anfänglich in einer Studenten-WG, mit dem späteren Vater ihrer Tochter, Thomas, dessen Vater aus einem afrikanischen Land und dessen Mutter aus der DDR kommt, und einem Kommilitonen. Dann als Familie. Seit ihrer Trennung vor drei Jahren lebt sie hier allein mit ihrer mittlerweile vierzehnjährigen Tochter. Ihre Mutter wohnt ganz in der Nähe in einer kleinen Neubauwohnung. In Katrins Wohnung ziehen sich die Regale mit Büchern bis an die Decke. An den Wänden hängen viele Plakate und erzählen von ihrer Begeisterung fürs Theater. Ihr Lebensgefährte lebt in seiner eigenen Wohnung und schreibt erfolgreich Bücher.

Auch Katrin wuchs allein bei ihrer Mutter Brigitte auf. Die arbeitete als Psychologin, ist mittlerweile fünfundsiebzig Jahre alt und Rentnerin. Zu ihrem Vater hat Katrin nur sporadisch Kontakt. Als ich sie wegen eines Gesprächs mit einem ihrer Eltern anspreche, überlegt sie nicht lange und willigt in ein Gespräch mit ihrer Mutter ein. Katrin arbeitet als Dramaturgin an einem Theater.

Es klingelt. Ihre Mutter braucht eine Weile für die Treppen, kommt atemlos oben an. Die beiden Frauen umarmen sich herzlich, Katrin nennt Brigitte »Mutti«. Das kommt mir vertraut vor, so habe ich meine Mutter früher auch genannt. Die beiden reden lebhaft aufeinander ein. Brigitte trägt ihre dunkelrot gefärbten Haare im Pagenschnitt und eine randlose Brille.

Brigitte wird während des Zweiten Weltkrieges in Wittenberge geboren. Sie ist ein Wunschkind. Ihre Mutter hat sie als sehr liebevoll in Erinnerung. Ihr Vater tritt damals nicht in die NSDAP ein. Erst sieht es so aus, als ob der Krieg ihn verschonen würde – aufgrund seiner Arbeit bei der Reichsbahn ist er vom Wehrdienst freigestellt –, doch kurz vor dem Ende muss er doch noch fort. Die Mutter bleibt mit ihrem Baby allein zurück. Brigitte ist damals knapp ein Jahr alt und kennt die Zeit nur aus den Erzählungen ihrer Mutter. Und doch, während des Gesprächs kommt es mir manchmal so vor, als ob sich die Zeit in sie eingeschrieben hätte: die Unruhe, das Ruhelose, die Sorge der Mutter um den Vater. Jede Nacht Fliegeralarm, nie durchschlafen. Schließlich fährt ihre Mutter mit Brigitte zu ihren Eltern, die wohnen weit draußen, im Wald.

Brigitte sitzt am Tisch und ist mühelos in ihre Vergangenheit eingetaucht. Ihre Tochter kommt mit der Teekanne, füllt die drei Gläser. Dann setzt sie sich. Wie lebendig Brigitte erzählt. »Ich kann mich noch erinnern, wie ich auf dem Schoß meiner Mutter saß und sie mir Märchen vorlas. Mein Vater kam erst 1946 aus dem Krieg wieder: Es klopfte ganz früh und da stand ein fremder Mann vor der Tür. Wir hatten nur noch ein Ei und das hat meine Mutter ihm gebraten. Wir hatten solchen Hunger, das war wohl schockierend für mich: wie er das einzige Ei aß.«

Katrin hört aufmerksam zu, nickt öfter, lächelt ihre Mutter an. Brigitte scheint sie jedoch kaum wahrzunehmen, sie steckt tief in ihren Erinnerungen. »Damals habe ich das nicht verstanden, aber heute weiß ich, dass beide durch die Kriegserlebnisse traumatisiert waren. Mein Vater hat kaum darüber gesprochen, eigentlich nur später mit dir.« Sie schaut ihre Tochter an. Nimmt einen Schluck Tee. »Ich wusste nur, dass er Minen suchen musste, und sein bester Freund wurde neben ihm von einer Mine zerrissen. Bestimmte Töne konnte er sein Leben lang nicht mehr hören. Er war danach oft jähzornig, wenn es einen Konflikt gab, und meine Mutter war … Also, bei uns waren die Frauen noch nie sehr demütig … Da gab es Konflikte, jeder hatte seine Erwartungen, aber sie haben es nicht ausgesprochen. Dadurch kam es auch zu Gewalt in der ersten Zeit.«

Brigitte stockt kurz. Katrin legt ihre Hand auf die ihrer Mutter. Die spricht weiter. »Das fand ich furchtbar und wollte nie heiraten. Ich bin dann dazwischengegangen, manchmal hab ich auch selber noch was abbekommen.«

Ich sehe Katrin an. Sie wirkt überrascht. »Mutti, das hast du ja noch nie erzählt. Ich bin eigentlich eine Vielfragerin. Ich dachte, ich weiß alles. Ich war auch die Erste, mit der Opa über den Krieg gesprochen hat. Ohne dass ich die Bedeutung dessen verstehen konnte. Das bedaure ich heute, dass ich davon nichts aufgeschrieben habe. Ich habe meine Großeltern abgöttisch geliebt. Von seinem Jähzorn und seinen Tätlichkeiten, davon weiß ich nichts.«

Beide Frauen sind still, schauen zum Fenster. Katrin beginnt, mit ihren Händen über den Tisch zu streichen, so als ob sie unbewusst Wasser oder Sand wegschieben würde. Oder einfach nur die vergangene Zeit. »Manchmal sagte Opa dann aber auch so Sachen wie: ›Die Juden hatten immer mehr Geld.‹ Oder die Frage der deutschen Kolonien, da wollte ich, dass sie sich damit auseinandersetzen. Und als ich dann mit Thomas zusammen war, der ist Sohn einer Deutschen und eines Afrikaners, da sagte Oma: ›Mensch, dass du immer nur solche kennst.‹ – ›Wie, solche, Oma?‹ Meine beste Freundin war auch schwarz, der Vater kam auch aus Afrika. Meine Oma brauchte ihre Zeit: ›Was werden die Nachbarn sagen?‹ Aber dann war sie offen. Meinem introvertierten Opa habe ich Gedichte geschrieben.«

Brigitte lächelt. »Du warst ja auch sein Lieblingsenkel. Bei dir hat er nicht so gepoltert. Sich auch mal Sachen angehört. Erst durch dich habe ich dann viel später wieder eine Beziehung mit meinem Vater aufbauen können.«

Jetzt hält Katrin ihre Hände still. »Ich habe eine schöne Erinnerung an Opa. Es ist gut, dass du es erzählt hast, die wird dadurch nicht getrübt. Wie bist du da durch, Mutti?«

Brigitte schaut sie an. »Kann ich dir erzählen. Was mich aufgefangen und gehalten hat, war das Wissen, dass meine Eltern trotzdem immer für mich da waren. Ich wusste, dass sie mich lieben und dass ich mich auf sie verlassen konnte. Wenn ich auch nicht mit allem einverstanden war. Und dann hat mir das Studium auch sehr geholfen, dieses miteinander sprechen Lernen. Später wurde es dann ruhiger und mein Bruder kam zur Welt. Da war ich sehr froh und wir hatten von Anfang an eine ganz innige Beziehung, doch das Sprechen hat er nie gelernt.«

Katrin unterbricht sie. »Dass ich das auch kann, dafür bin ich dir total dankbar.«

Brigitte stockt kurz und redet dann weiter, geht nicht ein auf das, was ihre Tochter gesagt hat. »Wenn wir Konflikte hatten, dann hat meine Mutter nicht mit uns gesprochen. Oder auch mit meinem Vater dann nicht. Tagelang. Das fand ich so furchtbar. Diese Sprachlosigkeit wollte ich nie bei uns.«

Katrin schaut aus dem Fenster. Anscheinend hat sich das Gespräch in eine Richtung entwickelt, die sie nicht erwartet hat.

Da ihre Tochter nicht antwortet, setzt Brigitte fast beschwichtigend hinzu: »Ich fand auch vieles gut. Meine Mutter hatte Vertrauen in mich, es gab wenige Verbote. Aber wir waren auch verschiedener Meinung, zum Beispiel in der Sexualerziehung. Ich habe dir ja immer alle Fragen beantwortet, da hat sie gesagt: ›Muss das denn sein und so früh?‹ Ich sagte dann: ›Ich hätte mir auch gewünscht, dass du mir damals etwas erklärt hättest. Ich wusste überhaupt nichts.‹ Und da sagte sie: ›Ich wusste ja selber kaum, wie es geht.‹«

Katrin nickt. »Ich habe Oma später mal gefragt: ›Sag mal, war Opa dein einziger Mann?‹ Da wurde meine Oma ganz rot. Und dann hat sie mir erzählt, dass sie sich noch mal verliebt hat, als es Opa schon gab. Aber sie ist bei Opa geblieben. – Wie war das denn politisch bei euch?«

»Meine Eltern waren eher kritisch«, erzählt Brigitte. »Sie konnten beide ihre beruflichen Möglichkeiten nicht ausschöpfen, weil sie nicht in die SED wollten. Mein Vater sagte immer: ›Ich bettle nicht und ich sag meine Meinung.‹ Der hat sich nicht verbiegen lassen. Bei aller Kritik, das fand ich toll an ihm: diese Gradlinigkeit, diese Sturheit. Er hat alle Nachteile in Kauf genommen, wir hatten immer wenig Geld, mussten sparen und zum Monatsende bei meinen Großeltern borgen. Er hat auf der politischen Ebene nie Kompromisse gemacht. Und hatte dadurch nicht nur Freunde. Meine Mutter war auch kritisch, aber etwas diplomatischer.«

Katrin schaut ihre Mutter an. »Sie hatte auch Angst.«

»Das stimmt, aber sie hat sich nicht verbiegen lassen. Und auch ich musste nie jemandem nach dem Mund reden. Ich war nie Mitglied von irgendetwas.«

Brigitte geht nicht den Kindergarten. Sie ist eine gute Schülerin, beendet die achte Klasse mit Auszeichnung. Ihre Mutter will, dass sie kaufmännische Angestellte wird und im Büro arbeitet. Mehr kann sie sich für ihre Tochter beruflich nicht vorstellen. Doch Brigitte hat einen engagierten Neulehrer, der geht zu ihren Eltern und überredet sie, Brigitte das Abitur machen zu lassen. Sie will nun Lehrerin werden, aber sie hat Pech. Der Schulleiter hat gewechselt, der neue lässt sie Abitur machen, aber delegiert sie ohne FDJ-Mitgliedschaft nicht zum Lehrerstudium. So lernt sie Chemielaborantin. In einer Bibliothek entdeckt sie Bücher über Psychologie. Das ist es. Sie will Kindern helfen. Obwohl die Regularien sehr streng sind und nur wenige in der DDR Psychologie studieren dürfen, schafft sie es und wird zum Studium an der Humboldt-Universität in Berlin angenommen.

Nach dem Mauerbau 1961 verliert auch diese Fachrichtung einen Teil ihrer Professoren in den Westen. Mit den neuen Lehrkräften verschärfen sich die Bedingungen, nun sollen alle Studenten in die SED eintreten. Als sich die Studenten zu wehren versuchen, wird sogar eine Sonderprüfung eingeführt, um die Widerständigen unter ihnen loszuwerden. Brigitte nimmt zwanzig Pfund ab, aber sie schafft es, ohne Mitglied der Partei zu werden, zu Ende zu studieren. Nach dem Studium werden die Abgänger eigentlich über die Republik verteilt, aber Brigitte sucht sich allein eine Arbeitsstelle in Ost-Berlin. Katrins Vater lernt sie nach dem Studium kennen. »Als du kamst, war ich dreißig Jahre alt. Ich hatte mit achtundzwanzig die erste Fehlgeburt und auch du warst eine Risikoschwangerschaft, ich hatte immer Angst, dich zu verlieren. Da hab ich einiges mitgemacht, zum Beispiel zehn Tage mit dem Kopf nach unten gelegen. Du warst mein Ein und Alles.«

Brigitte sieht ihre Tochter liebevoll an. Katrin erwidert den Blick, man spürt ihre Verbundenheit. Sie erinnert sich: »Bei uns gab es immer so Badewannentage, da haben wir zusammen in der Wanne gesessen und uns alles Mögliche erzählt. Ich wollte in die Pioniere und dazugehören. Mit der FDJ hat sich das schlagartig verändert. Da war ich viel kritischer und wollte nicht rein, aber dann haben viele gesagt: ›Wenn du das machst, kriegst du überhaupt keinen Studienplatz.‹ Also bin ich rein. Aber in die DSF bin ich nicht. Ich wollte nicht für eine ›Freundschaft‹ bezahlen. Außerdem war ich damals gerade mit meiner Mutter in Leningrad und ich habe immer nur gesehen, wie die Westbusse in die besten Hotels gekarrt wurden. Ich fand das so verlogen.«

Die Biografien von Mutter und Tochter ähneln sich in ihrem Bestreben nach eigenständigem Denken und unabhängigen Entscheidungen. Mitgliedschaften in Organisationen oder der SED aus Karrieregründen kommen für sie nicht infrage. Und beide erleben, welche Konsequenzen das in der DDR hat.

Katrins Vater arbeitet als Musiker. Als die Eltern schon getrennt sind und er in die BRD ausreist, zeigt der Staat DDR seine ganze Härte. Aber auch Katrin ist von ihrem Vater sehr enttäuscht. Diese Verletzung ist heute noch zu spüren. »Dass er einen Ausreiseantrag gestellt hatte, das hat er mir nicht gesagt. Wir hatten nach der Trennung keinen guten, aber Kontakt. Das war ein großer Vertrauensbruch für mich. Er kam dann vierzehn Tage vorher und teilte es mir mit. Über uns die Familie im Haus, die wussten das früher als ich. Später erschienen die dann in der taz als IMs.«

Brigitte versucht zu erklären. »Katrins Vater wollte von Anfang an ausreisen. Verwandte von ihm sagten mir: ›Wenn er dich nicht kennengelernt hätte, wäre er schon viel früher weg.‹ Er war in Panik, als die Genehmigung kam, hatte wohl gar nicht mehr damit gerechnet, dass das überhaupt klappen würde.«

Katrin geht darauf nicht ein. »Die stellvertretende Schuldirektorin hat dann zu mir gesagt: ›Da dein Vater ausgereist ist, müsste dir doch klar sein, dass du kein Abitur machen wirst.‹«

Brigitte scheint ihre Verletzung zu spüren. Nicht empört, sehr sanft sagt sie: »Das war Sippenhaft.«

Die Ausreise ihres Vater fällt mit Katrins Bewerbungen für die EOS zusammen. Sie hat mit Eins abgeschlossen und rechnet mit einem der beiden Plätze für die Abiturstufe pro Klasse. Doch ihre Mutter ist nicht in der SED, ihr Vater reist in die BRD aus. Und sie selber ist nicht Mitglied der DSF. Ihre Bewerbung für die EOS wird abgelehnt. Ihr Vater hatte nicht darüber nachgedacht, was sein Schritt für die Tochter bedeuten würde. Für Katrin eine Riesenenttäuschung – über ihn, aber auch über diese Einengung in der DDR. Sie sieht damals den französischen Film »La Boum« – und das will sie: reisen, frei sein, jung und verrückt sein.

Katrin wendet sich an Brigitte. »Du hast eine Eingabe geschrieben, aber da kam zurück, dass ich auch so glücklich werden würde in meinem Leben: ›Ihre Tochter wird auch so ihren Weg finden.‹ Ich habe mich dann für allerlei Berufsausbildungen mit Abitur beworben, aber wurde immer abgelehnt. Mit der Ausreise meines Vaters, da wurde mir bewusst, wie alles kontrolliert wurde. Ab da war ich nicht mehr naiv.«

Die DDR verschärft ihre Kontrolle, hat die Familie auf dem Kieker. Während Katrin sich sehr emotional an diese Zeit erinnert, berichtet Brigitte eher distanziert. »Kurz darauf ist dann auch mein Bruder im Westen geblieben. Da wurden auch meine Eltern andauernd von der Stasi aufgesucht. Als der erste Brief von ihm kam, wollten die das lesen, und da hat mein Vater gesagt: ›Das geht Sie überhaupt nichts an. Das ist privat.‹ Das fand ich immer gut an meinem Vater. Er war nicht erpressbar.«

Mutter und Tochter haben viele Erinnerungen an Widerstand gegen die staatlich verordnete Lebensweise im Alltag der DDR. Die anfängliche Schwere im Gespräch, besonders bei Katrin, wechselt nun zu gemeinsamem Lachen.

»Ich habe dann ja erst mal eine Ausbildung gemacht. Und in der Ausbildung sollten wir auch schießen. Und das wollte ich nicht. Da hatte ich dann eine Fünf auf dem Zeugnis. Und einmal haben sie bei uns geklingelt, weil du nicht zur Wahl bist«, erinnert sich Katrin.

Brigitte nickt. »Ja, oder beim 1. Mai haben wir uns immer versucht zu drücken.«

»Du hast dann auch verbotene Bücher aus dem Westen gelesen.«

Brigitte lacht. »Ja, manche habe ich dann nachts noch schnell ein zweites Mal gelesen, weil ich sie gleich zurückgeben musste.«

»In der Klasse wurden viele meiner Fragen abgebügelt«, sagt Katrin. »Ich hab Mitschülerinnen von den Kinderheimen in Rumänien erzählt, wo viele Kinder Hospitalismus hatten, und sie meinten, ich würde mir das ausdenken. Ich war eine Außenseiterin, bin viel ins Theater. Das war ganz schön krass, wenn du so ein Wissen hattest und nicht wusstest, wem du das erzählen kannst. Ich war schon sehr kritisch durch meine Mutter.«

Trotzdem ist Ausreise damals kein Thema für Brigitte. »Die Idee des Sozialismus, die fand ich immer gut … Gerechtigkeit, Chancengleichheit – die war hier vielleicht größer. Mit dieser großen Kluft heute zwischen Arm und Reich, mit der kann ich mich überhaupt nicht abfinden. Aber die Umsetzung der sozialistischen Idee, die hat mir nicht gepasst. Das Starre, die Sprache, die Reglementierung, dieser Gleichschritt und keine Individualität zu lassen. Die haben so viel Potenzial verschenkt. Der Prager Frühling war meine Hoffnung, oder Ungarn 1956. Die Niederschlagung hat mich empört. Auch die Frage der Studienzulassungen: Wessen Eltern in der Partei waren, die hatten kein Problem, und die anderen mussten sehen, wo sie blieben.«

Katrin stimmt ihr zu. »Ich habe mich auch als ein Teil der DDR gesehen. Gleichzeitig hatte ich eine Riesensehnsucht, reisen zu können. Ich wollte immer nach Neuseeland oder Paris. Aber ich hab mich trotzdem als Teil gefühlt. Sonst wäre ich nicht so enttäuscht über die schnellen Einheitsrufe nach der Wende gewesen. Ich wollte eine andere DDR schaffen. Und war dann völlig perplex, als das zur Wiedervereinigung kippte. Oder als die Bananen dann auf dem Kudamm verteilt wurden, da habe ich mich total geschämt. Damals habe ich mich als ein Teil *der* DDR gefühlt, die am 4. November auf dem Alexanderplatz stand. Ich war stolz, dass meine Mutter versucht hat, bevor alle ›Westen‹ schrien, an andere Bücher ranzukommen, andere Themen, und geradlinig zu sein. Sie hatte immer auch einen Fuß draußen.«

Brigitte freut sich über Katrins Wertschätzung. »Noch mit meinem Vater habe ich immer die Bundestagsdebatten verfolgt. Das fand ich so spannend. Was mich skeptisch gemacht hat, war der Umgang der BRD mit der Nazizeit. Der DDR-Umgang hat sich ja später auch als Illusion herausgestellt, aber damals war das anders. Da fand ich das in der DDR ehrlicher und eindeutiger. Was mir auch gefallen hat, war der Zugang zur Kultur in der DDR. Damals konnte sich jeder Kultur leisten, heute ist das anders. Und man hat schon etwas mehr für den anderen mitgedacht. Vielleicht nicht so viel, wie es heute immer propagiert wird. Nach der Wende hat man dann deutlicher gespürt, auf wen man sich wirklich verlassen konnte.«

Katrin hat kurz das Zimmer verlassen, doch Brigitte spricht einfach weiter, als folge sie einem inneren Film. Erzählt sich und mir: »Die Schnelligkeit des Mauerfalls war eine Überraschung. Dass es zu einer Veränderung würde kommen müssen, das habe ich geahnt, aber dass die Mauer in wenigen Tagen weg sein würde … Nein, das habe ich nicht kommen sehen. Und ich war auch wie gelähmt erst mal. Es war nicht sofort Freude. Was kommt jetzt? Ich hatte so eine Hoffnung, dass man einen demokratischen Sozialismus etablieren könnte. Die ersten Wochen waren so eine bewegte Zeit und man hatte das Gefühl, man könnte etwas verändern.« Brigitte stockt. Dann sagt sie leiser: »Das war nur ein Traum.« Es ist still in der Küche.

Katrin kommt mit Schwung zurück, sie hat nichts von Brigittes Trauer mitbekommen. »Ich habe in der Nähe vom Ostkreuz gewohnt und habe nur mitbekommen, dass die ganze Zeit unheimlich viele Ansagen gemacht wurden. Dann habe ich mein Kofferradio angemacht und hörte nur: ›Ja, soundso viele Ostdeutsche auf dem Kudamm.‹ Da ist mir meine Kaffeetasse auf den Boden geknallt und ich bin zum Bahnhof gerannt und Bornholmer rüber.«

Brigitte lässt sich von Katrins Energie anstecken. Die Erinnerungen stellen sich ein, Mutter und Tochter fallen sich gegenseitig ins Wort.

»Ich wollte auf jeden Fall mit dir das erste Mal in den anderen Teil Berlins gehen«, sagt Brigitte. »1961 war ich in etwa so alt wie du 1989, ein bisschen älter. Und jetzt fällt die Mauer, wo du ungefähr in dem Alter bist.«

»Das hast du mir nicht erzählt!«, sagt Katrin und klingt fast empört.

Brigitte lacht beschwichtigend. »Doch. Ich habe es sowieso erst Freitag erfahren. Donnerstag hatte ich starke Migräne, Freitag hab ich gearbeitet und dann weiß ich nur, dass du mich angerufen hast: ›Mama, weißt du wo ich bin, aufm Kudamm.‹ Bist völlig ausgeflippt.« Jetzt lachen beide wieder. »Samstag sind wir dann gemeinsam über die Oberbaumbrücke nach Kreuzberg«, erinnert sich Brigitte.

Katrin versucht, die widersprüchlichen Gefühle von damals noch einmal zu benennen. »Vorher war ich in der Gethsemanekirche gewesen und hatte Kerzen ins Fenster gestellt. Ich habe das alles sehr intensiv miterlebt. Es war eine Aufbruchsstimmung. Wir konnten endlich reisen. Mir wurde nur schnell bewusst, dass ich das Geld nicht habe. Das kam so als Dämpfer gleich hinterher. Schon am 10. November habe ich gedacht, als ich die Leute sah: Jetzt geht es in eine Richtung, die du so nicht wolltest. Ich war damals schon im Neuen Forum und habe da erlebt, wie Leute aus dem Osten als Redner ausgelacht wurden, auch im Bundestag. Ich habe mich gefragt, ob es nun wirklich gleichberechtigt zugehen wird.

Es war eine Mischung aus sehr vielen Gefühlen: Aufbruch, Enttäuschung, Angst und Orientierungslosigkeit. Wenn man sah, wie sich die meisten so sehr stark von dem materiellen Überfluss haben beeindrucken lassen. Da hatte ich schnell Sorge, dass die Veränderungsbereitschaft gesenkt wird. Dass das vielleicht alles schon vorbei sein könnte, diese Hoffnung, dieser Aufbruch. Und im März 1990 wurde dann auch gleich die CDU gewählt, daran erinnere ich mich.«

Brigitte hat Katrin aufmerksam zugehört. Sie nickt. »Das war ein Schock! Ich habe überlegt, was wähle ich: Demokratie jetzt, Neues Forum oder Initiative Frieden und Menschenrechte. Ich konnte mich nicht entscheiden. Und dann hat mich die Einflussnahme der westdeutschen Politiker furchtbar geärgert, wie von Helmut Kohl. Dass die da alle auf den Marktplätzen standen und auf die Massen eingeredet haben. Was mischen die sich denn ein! Das hat mich empört. Und als dann abends das Ergebnis kam: Horror! Bündnis 90 hatte so schlecht abgeschnitten.«

Brigitte und ihre Tochter Katrin waren in der DDR kritische Bürger, heute, im wiedervereinigten Deutschland, sind sie es wieder. Doch im Gegensatz zum Leben in der DDR, wo sie staatliche Entscheidungen hinnehmen mussten, können sie sich nun wehren. Einfach ist auch das nicht.

»Ende 1990 wurden dann willkürlich die westdeutschen Strukturen auf den ostdeutschen Teil übergestülpt«, sagt Brigitte sachlich. »Da kamen die Kämpfe! Wir Psychologen sollten uns dann entscheiden: entweder halbe Stelle oder Kündigung. Das war bitter. Die ganze Struktur unserer Arbeit wurde zerstört und unsere tolle Arbeitsgruppe auseinandergerissen. Ich habe dann vor Gericht gekämpft. Ich wollte und konnte mich nicht mit einer halben Stelle zufriedengeben. Es gab halt im Westteil auch sehr viele arbeitslose Psychologen und da war die Richtung klar: alle Stellen besetzen mit denen.«

Brigitte kämpft durch zwei Gerichtsinstanzen um ihre Arbeitsstelle, sie hat wenig Zeit für ihre Tochter. »Ich habe für unsere Zukunft gekämpft. Das hat mich aufgefressen. Diese Jahre haben doppelt gezählt. Ich habe in beiden Instanzen letztendlich Recht bekommen, aber es gab immer wieder Versuche, mich auf üble Art und Weise übers Ohr zu hauen.«

Brigitte schaut Katrin an und man merkt, wie schwer ihr diese Erinnerung fällt. »Für dich hatte ich viel zu wenig Zeit. Du hast mir später eine große Kaffeetasse geschenkt, für wieder mehr Zeit zum zusammen Kaffeetrinken und Reden. Aber ich war so mit kämpfen beschäftigt.«

»Ich war doch mit mir beschäftigt«, sagt Katrin fast beruhigend, »und habe mir wiederum im Nachhinein Vorwürfe gemacht, dass ich nicht mehr für dich da gewesen bin. Es war schlimm, dich so zu sehen.«

Etwas Bitteres mischt sich in Brigittes Ton. »Man musste eine bestimmte Therapieausbildung haben. Die habe ich dann auch noch gemacht, sonst hätte ich die Stelle später gar nicht bekommen. In Westdeutschland war das nicht so, aber hier im Osten haben sie das gemacht, um möglichst viele Stellen mit Westdeutschen zu besetzen.«

Auch Katrin hat nach dem Mauerfall keinen geradlinigen Weg eingeschlagen. »Ich musste auch eine Weiterbildung machen und bei Thomas wurde der Beruf gar nicht anerkannt. Das war so ein Machtgefüge. Ich hatte die zehnte Klasse gemacht und dann die Ausbildung angefangen. Vor allem wollte ich aber das Abi machen. Mit dem Abitur habe ich dann Afrikanistik angefangen zu studieren und später Theaterwissenschaften. Nebenbei immer gejobbt und zwischendurch war ich neun Monate in Paris.«

Katrin ergreift beide Hände ihrer Mutter. »Ich hatte auch so Phasen, wo ich sehr mit mir beschäftigt war und für dich nicht da sein konnte. Aber du liebst mich bedingungslos. Als ich mal zu meinem Vater sagte: ›Ich hätte mir gewünscht, dass du mehr schreibst‹, da antwortete der: ›Du hast mir doch auch nicht geschrieben.‹ Das war sehr verschieden.«

Kurz ist es wieder still. Dann fällt Katrin noch etwas ein. »Knallhart warst du nur, als ich meine Ausbildung schmeißen wollte. Das sollte ich zu Ende machen. In dem Moment war ich sauer, später war ich dankbar. Die alten Leute haben mich geliebt. Und die hatten so einen Humor. Eine hieß Frau Hundertmark. Zur Währungsunion kam ich in ihr Zimmer und sagte: ›Wie geht's Ihnen denn heute, Frau Hundertmark?‹ Da antwortete sie: ›Ab heute nur noch Frau Fünfzigmark.‹«

Brigitte lacht, dann wird sie ernst. »Formal hast du heute die

Möglichkeit, Einspruch zu erheben, aber wir haben das alles probiert mit Petitionen, mit Gesprächen und Klagen, in Bezug auf die Flugrouten oder die Rentenfrage. Ich war im öffentlichen Dienst und bin in den letzten Jahren auch gut bezahlt worden. Da mussten wir uns auch wehren, am Ende haben sie im Gehalt die Dienstjahre anerkannt. Aber mit dem Zeitpunkt der Rente sind wir wieder wie Berufsanfänger gestellt worden. Die Einzahlungen, die ich noch in der DDR geleistet habe, sind unter den Tisch gefallen. So eine Art Zusatzbetriebsrente. Das war damals im medizinischen Bereich eingeführt. Zählt hier aber nicht. Wenn ich mich mit einem Kollegen aus dem Westen vergleiche, hat der fast das Doppelte an Rente.«

»Du lebst in einer kleinen Neubauwohnung! Und du hast ein Kind und warst alleinerziehend«, stimmt ihre Tochter zu.

Brigitte winkt ab. »Da bist du im Westen sowieso nicht besonders gut gestellt. Ein kinderloses Ehepaar ist bessergestellt als eine Alleinerziehende laut Gesetzgebung. Wir haben so eine Arbeitsgruppe gegründet und an alle Politiker geschrieben, Petitionen, ich habe geklagt, ein Professor aus Dresden hat sogar bis zum Europäischen Gerichtshof geklagt. Ohne Erfolg. Versprechungen ja, aber keine Taten. Jetzt haben wir uns aufgelöst, weil es nichts bringt. Es sind halt alles westdeutsche Richter.«

Katrin streicht ihr über die Schulter. »Du beklagst dich nicht, du bist auch kein Opfer. Aber mir tut das leid, weil du schon in der DDR so ein Freigeist warst. Du wolltest reisen, du wolltest lesen, und es ging nicht, und jetzt fehlt dir auch oft das Geld dafür.«

Brigitte nickt. »Mir wurden viele Kämpfe aufgezwungen, damals bei Gericht wegen meiner Arbeit, dann später wegen meiner Rente. So viel Lebenszeit, die dadurch verloren gegangen ist. Aber dir geht's ja nicht anders, finanziell. Da mache ich mir auch Sorgen.«

Katrin winkt ab. »Meine Tochter kam während des Studiums. Da gab es gerade neu Hartz IV, aber Studenten mit Kindern und in einer WG kamen in dem System nicht vor. Semestergebühren kannten die nicht und gab es nicht. Wir haben von der Studienorganisation dann an die Familienministerin geschrieben. Ich war wieder in so einem Kreislauf. Für Wohngeld hatten wir zu wenig, für Hartz IV zu viel. Zwei Jahre später haben sie das Bafög angehoben für Studenten mit Kind. Ich musste jobben für die Semestergebühren, nur unsre Kleine hat Hartz IV bekommen und mein verdientes Geld wurde dann noch davon abgezogen.«

Brigitte schaut fassungslos. So genau scheint sie das nicht gewusst zu haben.

Katrin lacht hart. »Ja, ich hätte das Geld über sechs Monate verteilen sollen, wusste ich aber nicht. Da bin ich bestraft worden, dass ich gearbeitet habe – mit Studium und Baby. Da hab ich die Demokratie von der anderen Seite kennengelernt und bin wieder sehr, sehr kritisch.«

Brigitte wirkt erschöpft. Sie will das Gespräch beenden. »Ich bin Bürger des Landes – aber angekommen, nein. Ich fühle mich immer noch oft als Bürger zweiter Klasse. Die Anliegen der Menschen werden zu wenig berücksichtigt. Die Wirtschaft hat das Sagen. Das ist keine Demokratie, sondern eine Lobbykratie.«

Katrin ist wieder ernst. »Wann sind sich bestimmte Menschen ihrer Privilegien bewusst? Und wollen sie teilen oder haben Angst, sie zu verlieren. Das sind Machtverhältnisse, die bitte auch so bleiben sollen. Und Teilhabe ja, aber bitte nicht zu doll.«

Es ist still im Raum. Mutter und Tochter sitzen am Tisch. Der Tee ist ausgetrunken.

Katrin steht auf, öffnet die Tür zum Balkon weit und lässt mit Vogelgezwitscher und Straßengeräuschen den Sommer und gleichsam die Gegenwart herein. »Interessant ist doch, dass wir zu DDR-Zeiten im Abseits waren, und heute sind wir es wieder. Das spüre ich auch beruflich.«

Katrin hat – angestoßen durch ihr Leben mit Thomas und den Erfahrungen mit seinen afrikanischen Wurzeln in der DDR und später in der BRD – im Rahmen ihrer Studienabschlussarbeit rassistische Tradierungen und Kontinuitäten in aktuellen Inszenierungen auf deutschen Bühnen untersucht.

Nun will sie ihre Haltung und kritische Sicht auf den gesellschaftlichen Umgang mit dieser Frage in Projekte, die sie dramaturgisch betreut, einbringen. People of color als Bestandteil unserer Gesellschaft zeigen und postkolonialistische Denkweisen sichtbar machen. Wenn sie spürt, dass Kolleginnen und Kollegen sie wegen ihrer Herkunft bewerten und in Schubladen stecken wollen, fühlt sie sich stark an ihre Kindheit und Jugend erinnert: »Ich muss immer aufpassen, dass ich nicht die bin, die einfach nur persönlich empfindlich ist, sondern dass es um gesellschaftliche Strukturen geht.«

Auch finanziell bleibt ihr Leben mit Kind eine Herausforderung. Ihre Mutter hilft ihr bei der Bewältigung des Alltags, aber finanziell kann sie sie nicht unterstützen. Ihr Freund lädt sie in seine Eigentumswohnung ein. Doch Katrin will unabhängig bleiben, obwohl sie permanent an Grenzen stößt. Mit diesem Widerspruch hadert sie oft.

Animiert durch unser Gespräch, trifft Katrin gemeinsam mit ihrer inzwischen fünfzehnjährigen Tochter nach vielen Jahren ihren Vater wieder. Doch es bleibt bei dem einen Treffen.

»Ich bin in diesem Land nicht zu Hause«

Mirko (*1969) und Herbert (*1933)

Dörte Grimm

In meiner Familie gibt es einen Onkel, der in den Achtzigerjahren im diplomatischen Dienst der DDR in Libyen arbeitete, mehrere Doktortitel besitzt und 1989 Marxismus-Leninismus unterrichtete. Der Lehrstuhl der Universität, an der er lehrte, wurde 1990 schnell mit westdeutschen Professoren und Dozenten besetzt.

Kurz entschlossen kehrte er seiner Arbeitswelt den Rücken, zog mit seiner Familie in die Provinz und begann, als Batterie-Verkäufer zu arbeiten. Im Dachstuhl des Hauses richtete er sich eine Bibliothek ein, dort empfängt er Al Dschasira über eine Satellitenschüssel und verteidigt den Sozialismus, bis heute.

Wir als Familie haben immer gehofft, dass er irgendwann beginnen würde, sich in einer Nische der Gesellschaft einzurichten, auch wenn ihm das Leben im neuen System alles andere als behagt. Wir hofften, er würde sich mit seinen alten Genossen und Universitätskollegen zusammenschließen, um kommunistische gesellschaftskritische Texte in Fachmagazinen zu veröffentlichen. Aber nichts dergleichen ist bisher geschehen.

Diesen Geist, jenen Glauben an die sozialistische Idee, die nicht einfach vergeht, wenn das System wechselt, erlebe ich auch im Gespräch mit Mirko und Herbert.

Ich steige in Berlin an der Vinetastraße aus der U-Bahn und laufe durch die Straßen von Pankow. Die Gegend mit ihrer Mischung aus Alt- und Neubauten wirkt familienfreundlich, doch ich sehe eher ältere als junge Menschen. Ich höre das Rauschen der Blätter an den Bäumen. Der Lärm der Stadt scheint hier eine Pause einzulegen, denke ich, doch nur bis zu dem Moment, als ein Flugzeug durch den blauen Himmel über meinen Kopf hinwegzieht. Da fällt es mir wieder ein: Ja, auch das ist Pankow.

Es ist Sonntag, der einzige Tag der Woche, an dem Mirko bei seiner Tageszeitung nicht arbeitet. Sein Vater Herbert begrüßt mich an der Tür, Mirko kommt aus dem Wohnzimmer und schüttelt mir die Hand. Herbert und seine Frau wohnen im Erdgeschoss, trotzdem ist die Wohnung lichtdurchflutet. Schnell wird Kaffee in Tassen gegossen. Während wir über das Wetter- und Verkehrsfragen sprechen, fällt mir auf, dass mir die Atmosphäre im Wohnzimmer bekannt vorkommt.

Herbert äußert sich bezüglich unseres vertraulichen Gesprächs erst einmal sehr skeptisch. Ich bin überrascht. Am Telefon hatten wir uns ausführlich unterhalten und er hatte abschließend zu mir gesagt: Können wir machen. Doch jetzt möchte er noch einmal genau wissen, was wir vorhaben.

Die Institution, von der die Dokumentation unserer Gespräche gefördert wird, hat sich die Aufgabe in den Namen geschrieben: die »SED-Diktatur aufzuarbeiten«. Schnell wird klar, dass Herbert schon mit der Bezeichnung »Diktatur« Schwierigkeiten hat. Ob das Gespräch wirklich anonym veröffentlicht werde, wollen beide wissen. Ich versichere: Ja, höchst vertraulich. Beide sind nun einverstanden. Schnell tauchen wir in die Familiengeschichte ein. Herbert beginnt zu erzählen, er spricht in druckreifen Sätzen.

Er wurde 1933 in Königsberg geboren und entstammt gutbürgerlichen Kreisen, einer langen Reihe von Ärzten und Pastoren.

Sein Vater arbeitete bei einer Bank, wurde in den Krieg eingezogen und war nach 1945 als Anstreicher und Lagerarbeiter tätig, bis er eine Bürotätigkeit fand, die seinen Fähigkeiten eher entsprach. Herberts Mutter wurde als Tochter eines Missionars im damaligen Deutsch-Ostafrika geboren. Sie kam mit sechs Jahren in ein Internat nach Deutschland, lernte Hebamme und arbeitete nach 1945 als Nachtschwester, später als Kindergärtnerin.

Herbert kann sich erinnern, dass seine Eltern und Großeltern dem Nationalsozialismus »bürgerlich reserviert« gegenüberstanden, die Großmutter ihren Mann oft maßregelte, wenn dieser vor Bekannten wieder über den »Gröfatz«, den »größten Fatzke aller Zeiten«, schimpfte. »Du riskierst zu viel!«

Herbert gehört der Jugendorganisation der Pimpfe an und sieht sich rückblickend von dieser bis 1945 ideologisch stark beeinflusst, obwohl ihm nicht liegt, was bei den Pimpfen gefordert wird: Geländespiele, grüßen, marschieren. Wie seine Freunde wartet er 1945 auf die »Wunderwaffe« oder auf eine Wende des Krieges, die Goebbels immer wieder verspricht. »Eine ziemliche Ernüchterung, dass die nie kam.«

Mirko unterbricht seinen Vater nicht, lässt ihn seinen Gedanken folgen. Herbert sieht an Mirko vorbei, erzählt wie für sich allein, eher beiläufig, wie die Familie Königsberg verlassen musste. Ich erinnere mich an lange und ausführliche Geschichten über Flucht und Bombardierungen von Seiten meiner großelterlichen Verwandten, doch Herbert lässt diese Erzählung aus und berichtet von der Umstellung auf ein anderes Schulsystem in Thüringen, wohin die Familie geflüchtet ist. Das Gymnasium, auf das er kommt, ist mathematisch-naturwissenschaftlich, nicht humanistisch ausgerichtet wie sein ostpreußisches Gymnasium und es wurmt ihn, nur mit »zwei Komma noch etwas, also ohne Glanz«, abzuschließen.

Mirko sieht seinem Vater nicht ins Gesicht, während er spricht, folgt aber aufmerksam jedem Wort. Herbert berichtet weiter, wie er sich für ein Slawistik-Studium entscheidet, und dafür nach Greifswald zieht. Hier wird er mit den Werken von Maxim Gorki vertraut gemacht; Literatur, die ihn begeistert, wie »Das Märchen von der alten Isergil«. Einer seiner Dozenten ist Ralf Schröder, der im September 1957 aus der SED ausgeschlossen und im Dezember 1958 als Rädelsführer einer »partei- und staatsfeindlichen Gruppe« – der »Schröder-Lucht-Gruppe« – wegen Staatsverrats zu zehn Jahren Zuchthaus verurteilt wird.

Sein Staatsexamen absolviert Herbert mit einundzwanzig als jüngster Diplom-Slawist der DDR und wird danach trotzdem erst einmal arbeitslos, denn man hat mehr Slawisten ausgebildet, als Stellen zur Verfügung stehen. Also wird Herbert für ein Jahr zur Überbrückung ins Bergwerk geschickt und ist heilfroh, als er 1956 eine Stelle am Institut für Marxismus-Leninismus des Zentralkomitees der SED erhält, die Arbeit im Bergwerk liegt ihm gar nicht. Am Schreibtisch fühlt er sich wohler. Im Institut arbeitet er als Sektorleiter in der Bibliothek – eine Lebensaufgabe, bis sich 1989 alles für ihn ändert.

Mirko wird 1969 in Berlin-Pankow geboren, seine Schwester vier Jahre später. Er ist ein paar Mal innerhalb von Berlin umgezogen, »aber wegziehen, das habe ich nicht geschafft«. Inzwischen lebt er mit seiner Partnerin wieder in Pankow, fünf Gehminuten von seinen Eltern entfernt. Ist das Zufall? Nein, sie sehen sich regelmäßig.

Mirko und seine Partnerin arbeiten im selben Verlag. »Das ist mehr als nur Arbeit«, erklärt er mir. Wer bei einem sozialistisch ausgerichteten Tagesblatt arbeite, dürfe nicht »normal-marktwirtschaftliche Arbeitsbedingungen« erwarten. In der Opposition zu arbeiten bedeute Kampf, keinen Schlaf und wenig Geld.

Mirko zwinkert mir zu. »Ich muss das ja nicht machen.«

An seinen Großvater, der ebenfalls für das Zentralkomitee der SED arbeitete, hat Mirko besonders schöne Erinnerungen. Dieser Großvater beschert seinem Enkel aufregende Urlaube an der Ostsee, wie in Baabe auf Rügen, wo sie in einem Urlaubsheim speziell für ZK-Mitglieder wohnen, in dem man »von der Steilküste mit dem Fahrstuhl runter an den Strand fahren konnte!«

Der kleine Mirko schüttelt einmal sogar Oskar Fischer, dem damaligen Außenminister der DDR, schüchtern die Hand. Und manchmal wird die Familie auch mit dem Tatra abgeholt. Mirko weiß, dass sich die Erinnerungen an seine Kindheit nicht unbedingt mit denen anderer Kinder decken. Es gibt einige Privilegien, die seiner Familie zustehen, aber das erkennt er erst im Nachhinein.

Nach der zehnten Klasse entscheidet er sich für eine Lehre zum Drucker. »Das Material Papier fasziniert mich einfach«, sagt Mirko und sieht jetzt Herbert an. »Das muss mir wohl in die Wiege gelegt worden sein.« Herbert lächelt.

An dem Tag, als Mirko sich im Verlagshaus vorstellen will, ist kein Ausbildungsplatz für ihn als Drucker vorhanden, aber Schriftsetzer würde man noch brauchen. Mirko stimmt sofort zu und spezialisiert sich während der Lehre auf Fotosatz. Rückblickend ist er froh über den Zufall, unfreiwillig einen anderen Berufsweg eingeschlagen zu haben. In der Druckerei arbeiten meistens ziemlich robuste Typen. »Ich bin ja eher schmal und schüchtern. Da wäre ich wohl untergegangen.«

»Vati kommt später« ist eine Antwort, die Mirko in seiner Kindheit oft von seiner Mutter hört, denn Herbert ist in den Abendstunden für die Volkssolidarität unterwegs, einer Massenorganisation, die sich um die Betreuung älterer Menschen, Wohnungsinstandhaltungen und Veranstaltungen kümmert, mit durchaus politischen Ambitionen: Die Freundschaft zur Sowjetunion wie die »Abneigung gegen den Imperialismus« sollen gefördert werden.

Herbert ist auch in der Nationalen Front aktiv, als amtierender Vorsitzender im Ausschuss des Wohngebietes. Eine Tätigkeit, die er wie die eines »ehrenamtlichen Bürgermeisters« beschreibt, der sich um das Wohngebiet kümmert: Bolzplätze für die Jungen, Einsätze in den Vorgärten der Wohnkomplexe, das Pflegen der Anlagen. Aber das ist nicht alles: »Wir mussten versuchen, die Gedanken der Partei den Menschen zu vermitteln.« Eine sehr politische Aufgabe, erklärt Herbert.

Mirko erzählt, dass er sich in den Sozialismus »wie reingeboren« fühlt. Sein Vater vermittelt ihm die Idee auf ganz natürliche Art und Weise. »Die Meinung, die ich zu Hause gespürt habe, war viel überzeugender als die, die man uns in der Schule vermittelt hat.« Denn wer nimmt als Jugendlicher schon gern an Gruppenratsversammlungen teil? Das Tragen von FDJ-Hemden empfindet Mirko eher als Belastung. Er braucht diese Symbole nicht, um an den Sozialismus zu glauben.

Herbert nickt. Für ihn war und ist die DDR das Projekt, das zum Sozialismus führen sollte. Aber: »Ich habe das bis 1989 nie als abgeschlossen oder befriedigend angesehen. Wir waren immer noch auf dem Weg.«

Herbert träumt damals von einer Demokratisierung der Partei, worin er die Chance sieht, von den Menschen im Land besser angenommen zu werden.

Er glaubt, seine Überzeugungen nicht sonderlich stark in die Familie getragen zu haben, doch Mirko kann sich an viele gemeinsame Arbeitseinsätze erinnern, sogenannte Subbotniks: Menschen organisieren sich und sorgen dafür, dass die Orte, die man gemeinsam nutzt, schön und sauber bleiben. Warum passiert dergleichen heute einfach nicht mehr? So schwirig ist das doch nicht, meint Mirko.

In den Achtzigerjahren werden Herbert zunehmend die Defizite des Systems bewusst und er bemerkt, dass die Menschen um ihn herum unzufriedener werden. Auch im Kollegenkreis wird eifrig diskutiert. Man hofft auf einen Reformschub, der nicht eintritt. »Wir haben uns nicht als Diktatur gesehen, sondern als von breiten Massen getragene Republik. Was sich dann allerdings als Illusion erwies.«

Mirko fragt nach, was Herbert damit meint. »Unser Irrtum war, dass wir annahmen, dass die DDR tatsächlich so gewollt war.« 1989 implodiert die SED als führende Kraft. »Und plötzlich sind uns die Leute davongelaufen. Von drei Millionen SED-Mitgliedern bleiben bis heute nur noch 70 000! Die meisten waren nur Karrieristen!«

Herbert geht 1989 noch durch das Wohngebiet, fragt die Genossen persönlich, ob sie in der Partei bleiben, doch die Antwort ist erschreckend oft einfach nur: Nein danke, das nicht mehr!

Er lehnt sich im Sessel zurück und schweigt. Mirko stimmt seinem Vater indirekt zu, als er sagt, dass er wirkliche Grenzen in seiner Jugend eigentlich nur dann erlebt hat, wenn er an Musik, Filme und Kleidung denkt, Dinge, die er gern gehabt hätte. Eine Zeit, die ihm heute unvorstellbar weit weg vorkommt.

»Im Nachhinein war die Stasi immer überall«, kritisiert Mirko den aktuellen Umgang mit DDR-Geschichte. »Dass Menschen diesen Staat verlassen wollten, kann ich durchaus nachvollziehen, aber jeder hat eben auch gewusst, dass der Weg über die Grenze versperrt war.« Bei diesem Satz blickt Herbert auf, als würde es ihn überraschen, dass sein Sohn den Wunsch, die DDR zu verlassen, nachvollziehen kann. Aber er sagt nichts.

In Herbert und Mirkos Familie steht auch das kleinste biografische Detail im Licht der großen politischen Zusammenhänge. Hier wird viel geredet, merke ich. Vater und Sohn wirken nicht wütend, aber enttäuscht.

Durch seine Arbeit am Institut ist Herbert Teil des Parteiapparates, hier gilt striktes Verbot für westliche Kontakte jeder Art. So hat Herbert zu seiner Schwester, die in den USA lebt, über lange Jahre keine persönliche Verbindung. Seine Eltern besuchen ihre Tochter, über sie erfährt Herbert von ihr, doch er hält sich an die Vorschriften. Als seine Schwester in der Heimat zu Besuch ist, muss Herbert eine Erlaubnis in der Kaderabteilung einholen, um sie zu treffen. Sein Gesuch wird genehmigt, »aber allein, dass man so etwas beantragen musste, war natürlich unangenehm genug. Das hat mich schon belastet.« Ein Verstoß gegen die Vorschriften hätte zum Verweis aus dem Institut geführt.

Zu Hause schalten sie nur ab und zu in die westdeutschen Fernsehkanäle, zum wiederkehrenden Programm in der Familie gehört sogar die Progapandasendung »Der schwarze Kanal«. »Wir wussten von der grundsätzlich kritischen bis feindlichen Haltung der BRD uns gegenüber und haben in diesem Sinne auch die Nachrichten interpretiert, die von drüben kamen«, erklärt Herbert für sich und für Mirko gleich mit.

Mirko schweigt. Ich frage, ob Herbert nicht vermutet hätte, dass auch die DDR der BRD gegenüber feindlich eingestellt war?

Er erklärt mir das als »Verteidigungshaltung«: »Wir hatten keine Aggressivität gegenüber der BRD. Wir hatten auch nicht die Absicht, die BRD zu erobern. Einige schwärmten zwar mal davon, mit klingendem Spiel und roten Fahnen durchs Brandenburger Tor zu marschieren, aber so realistisch waren wir doch, nicht solche Träume zu hegen. Wenn, dann hätte sich der Sozialismus in der BRD allein seinen Weg bahnen müssen, aber davon war ja wenig zu spüren.«

Nun schaltet Mirko sich ein. Die DDR als solche allein hätte es nie gegeben, dahinter hätte doch immer das größere System – die Staaten des Warschauer Paktes – gestanden, »mit der DDR doch als Frontstaat«. Das Telefon klingelt. Ich höre, wie Herberts Frau direkt hinter der Tür den Hörer abnimmt. Ich habe schon während des gesamten Gesprächs das Gefühl, dass da noch jemand anwesend ist, und glaube, Mirkos Mutter hört die ganze Zeit mit. Herbert schenkt mir noch eine Tasse Kaffee ein und ich merke, dass er das Gespräch in eine bestimmte Richtung lenken will.

Die große, alles umfassende Frage in immer wiederkehrenden Gesprächen, wie mir Vater und Sohn berichten, ist der Untergang des Systems, an das man so fest geglaubt hat, und die Erklärung dafür, wie alles so schnell vergehen konnte. »Der Reformstau war überall spürbar und dem musste Platz gegeben werden«, konstatiert Herbert. »Aber die DDR oder das sozialistische Projekt aufzugeben, daran war nicht zu denken!« Herbert glaubt, der Staat habe sich an zwei Dingen übernommen: dem Wohnungsbau und der NVA, der Nationalen Volksarmee.

»Die Staaten des Warschauer Vertrages und der Nato standen sich feindlich gegenüber, die Aufrüstung schaukelte sich gegenseitig hoch. Das haben wir ökonomisch nicht verkraftet und darunter litt die Modernisierung der Betriebe«, führt Herbert überzeugt weiter aus. Die Erhaltung einer derart großen, immer einsatzbereiten Armee habe enorme finanzielle Ressourcen verschlungen, die planwirtschaftliche Produktivität habe der westdeutschen um Längen nachgestanden, was sich frühzeitig in der zurückbleibenden technischen Entwicklung von Computern und der Mobilindustrie gezeigt hätte.

»Und dieses Zurückbleiben hat natürlich die Unzufriedenheit der Menschen beflügelt, das war das eigentliche Schlimme! Im Vergleich dazu hat niemand die Errungenschaft zu schätzen gewusst, dass alle eine Wohnung erhielten«, sagt Herbert. Es wird ruhig im Raum.

Trotzdem kommt der Mauerfall für die Familie völlig unerwartet. Herbert und seine Frau gehen am Abend des 9. November friedlich schlafen, am nächsten Morgen wundern sie sich über die Unmengen von Autos auf der Straße, alle unterwegs in Richtung West-Berlin. »Das war ja ein Schabowskischer Fehler, der hat sich absolut vertan, indem er ›ab sofort‹ sagte«, ist Herbert überzeugt. Mirko hakt nach, will wissen, ob das Absicht oder ein Versehen war. »Das war bloß Dummheit«, antwortet sein Vater. Der Knall, der die Massen in Bewegung setzt.

Mirko ist zu der Zeit bei der NVA stationiert. Jeden Abend verfolgen sie die Nachrichten am Fernseher im Gemeinschaftsraum. »Es wurde alles immer unglaublicher. Als dann die Mauer fiel, konnten wir das gar nicht fassen.« Aber es stimmte, die Mauer war gefallen. Für Mirko fühlt es sich seltsam an, in dieser Zeit noch bei der Armee zu sein, wenn das Land, dem man dienen soll, nach und nach wegbricht. Auch unter seinen Vorgesetzten herrscht eine desolate Stimmung. Mirko hat sich für drei Jahre verpflichtet, die Mauer fällt ein halbes Jahr vor dem Ende seiner Dienstzeit. Man fragt ihn, ob er bis zum Ende bleiben möchte. Mirko, eher schmal und nicht sonderlich sportlich, lehnt dankend ab. »Ich hatte da genug erlebt.«

Schon Mitte der Achtzigerjahre arbeitet Mirko in einem Textverarbeitungszentrum mit den ersten Computern, die in der DDR gebaut werden. Als er nach der NVA an seinen Arbeitsplatz zurückkehrt, sieht er eine Stellenausschreibung bei einer linken Tageszeitung, 1990 noch ein großer Betrieb mit knapp zweihundert Angestellten.

Herbert will noch etwas richtig stellen. Er erklärt, wie unzufrieden er und seine Kollegen mit der Parteiführung waren.

»Das Politbüro tagte nicht, es verharrte wie traumatisiert in einer Schlafstellung, nichts passierte. Wir konnten ja auf eine lange Erfahrung zurückblicken, wie man mit Krisensituationen umgeht. Am 17. Juni 1953 hatten uns die Freunde geholfen. Am 13. August 1961 haben wir doch mit der Maßnahme die DDR wieder stabilisieren können! Wir dachten, jetzt wird ihnen doch etwas einfallen, wie man aus dieser schwierigen Situation herauskommt!«

»Aber ich meine, es ist doch gut, dass es nicht wie 1953 ausgegangen ist«, sagt Mirko zögerlich.

Herbert geht nicht darauf ein, spricht von »Maßnahmen, um Druck aus dem Kessel zu nehmen«, indem man die Reisefreiheit einführt oder sich auf Wirtschaftsreformen verständigt, die mehr als notwendig waren. Das hätte die Umwälzungen verhindern können. Sein Sohn widerspricht ihm nicht.

In den ersten beiden Jahren nach dem Mauerfall wird Herberts Arbeitsplatz, das Institut für Marxismus-Leninismus, aufgelöst. Die Partei mit ihren schwindenden Mitgliedern verfügt nicht mehr über die Mittel, das Institut zu unterhalten. Staatliche Mittel, die ein Institut für die Geschichte der Arbeiterbewegung, das sich aus dem Institut für Marxismus-Leninismus heraus gegründet hatte, finanziert hätten, gibt es nicht. Zunächst wird nur das Institut geschlossen, die Bibliothek und dazugehörenden Werkstätten bleiben erhalten. Den Mitarbeitern gelingt es, eine Zeit lang selbstständig zu wirtschaften, aber perspektivisch fehlt ein Träger, der den Erhalt finanziert.

Es folgt eine lange Zeit der Ungewissheit. Vielfach wird versucht, die Bestände des Archivs und der Bibliothek aufzulösen. Nach einer Verfügung von Sabine Bergmann-Pohl, der letzten Präsidentin der Volkskammer, sollen die ausgelagerten Archivbestände umgehend aus dem ZK-Gebäude geholt werden, erinnert sich Herbert. Er spricht von regelrechten »Angriffen« in dieser Zeit. »Unser ganzes Bemühen lief darauf hinaus, diese Bestände für die zukünftige Forschung zu retten.« Unterstützung erhalten die Archivare und Bibliothekare dabei nicht nur von ostdeutschen, sondern auch von westdeutschen Wissenschaftlern. Es gründet sich ein Förderkreis, der maßgeblich daran beteiligt ist, Archiv und Bibliothek mit einigen Werkstätten als selbstständige Stiftung in das Bundesarchiv zu überführen.

Doch Herbert wird nicht übernommen, als ehemaliger Sektorleiter ist er »nicht annehmbar«. Er hat mit dieser Entscheidung gerechnet und »wollte nicht unbedingt eine Belohnung vom Feind«, doch natürlich will er weiterarbeiten. Enttäuscht muss er mit ansehen, dass seine über Jahrzehnte erworbenen Literatur- und Fachkenntnisse wie auch eigene Publikationen keine Rolle mehr spielen. Er wird arbeitslos. Zwei Jahre fehlen noch bis zur Rente, er erhält Altersübergangsgeld.

Aufgrund seiner Funktionärstätigkeit im ZK der SED wird ihm automatisch die Rente gekürzt. Er tritt in die GBM ein, die »Gesellschaft zum Schutz von Bürgerrecht und Menschenwürde«, und wehrt sich mit einem Anwalt erfolgreich gegen diese »Strafrente«. Doch das Verfahren zerrt an seinen Nerven. Die Klage verhilft nicht nur ihm zu mehr Rente, sondern auch vielen anderen, die ebenfalls betroffen sind. Ein kleiner Trost.

Mirko lebt zu dem Zeitpunkt nicht mehr zu Hause, aber die Familie kommt einmal die Woche zusammen. »Es hat mich traurig und wütend zugleich gemacht, zu sehen, dass deine geleistete Arbeit einfach nicht mehr zählt«, sagt er zu Herbert.

»Ich war auf einmal nicht mehr gefragt«, bestätigt der. »Aber das, was wir geleistet hatten, war trotzdem noch etwas wert.«

Mirko versucht sich zu erinnern, ob sein Vater damals über diese Dinge gesprochen hat, aber die Erinnerung stellt sich nicht ein. »Was sollte man da noch groß drüber sprechen? Das war einfach Mist«, antwortet Herbert. Er behält seine Verletzung für sich, will die Familie nicht damit belasten.

Mirko erlebt die Zeit trotz aller Widrigkeiten als »stabil«, er fängt an, mit einem Freund Musik zu machen. »Oder war ich zu sehr mit meinem eigenen Leben beschäftigt? Schwer zu sagen.«

»Eure Zeitung kämpfte doch damals auch ums Überleben. Ihr hattet doch genug Probleme«, erinnert sich Herbert.

Das stimmt. Das linke Blatt, für das Mirko arbeitet, wird für einen Euro an eine Mediengruppe verkauft, die »alles, was Bestand hatte, absaugt und es in ihre eigenen Medienprojekte steckt«, so Mirko. Mit neuen westdeutschen Journalistenkollegen ziehen sozialdemokratische Tendenzen in den Betrieb ein und damit auch in die Berichterstattung. Die neuen Kollegen kennenzulernen, findet Mirko spannend. Aber für das Blatt brechen schwierige Zeiten an: Wie soll und kann man weiter über die DDR berichten? Die westdeutschen Journalisten plädieren für den Zeitgeist: DDR ist gleich Diktatur ist gleich schlecht. Das vergrault die Leserschaft, zu fast hundert Prozent Menschen mit kommunistisch-sozialistischer Gesinnung.

Der journalistischen Unentschiedenheit folgt der Konkurs, bis sich der damalige Betriebsratsvorsitzende mit ein paar Leuten für einen anderen Weg entscheidet: Ein neuer, eigener Verlag wird gegründet. Die Berichte über die DDR haben jetzt einen positiven, aber auch kritischen Tenor und werden dafür immer wieder stark attackiert. Die Tageszeitung kämpft weiter ums Überleben – bis heute.

Seit mehreren Jahren beobachten Mirko und Herbert mit Besorgnis das Erstarken der AfD im Osten. Die Gründe dafür sehen sie in erster Linie im Versagen der Linken als Partei, aber auch der linken Sozialdemokratie an sich. Die Deindustrialisierung in den Neunzigerjahren hat ihren Preis gefordert, der sich in weiten Teilen der Bevölkerung in Hoffnungslosigkeit verwandelt hat. Die Linke und auch die SPD versuchen zwar wieder, die sozialen Themen zu thematisieren, aber sie fehlten sehr lange. In diese Lücke ist die AfD gesprungen und lenkt den Unmut um.

Für Mirko ist trotzdem klar: »Nicht alle, die AfD gewählt haben, sind Nazis. Aber alle, die die AfD gewählt haben, haben Nazis gewählt.« Und das wissen offenbar viele nicht. Auch von ihrer eigenen Partei – beide sind Mitglied der Linken – sind sie enttäuscht. Die Partei verstehe es nicht, die großen sozialen Gegensätze im Land zu thematisieren. Herbert steht für die Linke auf Marktplätzen und redet mit den Menschen, Mirko hofft, dass sein Vater das irgendwann aufgibt. Das sei doch zu anstrengend, immerhin geht Herbert schon auf die Neunzig zu. Er sagt, die herrschende Art von Demokratie entspreche nicht dem Willen des Volkes, es sei eine repräsentative Demokratie. Die kleinen Parteien hätten gar nicht die Mittel, durch mediale Präsenz zu den Menschen vorzudringen, die sie dann tatsächlich wählen könnten.

Herbert ist ehrlich, als er sagt, dass er gefühlt ein DDR-Bürger geblieben ist: »Ich bin in diesem Land nicht zu Hause.«

»Irgendwann landen wir immer bei der Politik«, sagt Mirko und lächelt.

Herbert nickt. »Wir fangen irgendwo an und landen doch immer da.«

»Und dann stellen wir irgendwann fest, dass alles Mist ist, und dann wissen wir, okay, jetzt hören wir besser auf.«

Auch wir beenden jetzt das Gespräch, ich bedanke mich bei den beiden. Mirkos Mutter kommt ins Zimmer, räumt die Kaffeetassen auf ein Tablett und trägt es hinaus. Mirko und sein Vater verlassen den Raum, aber ihre Worte bleiben stehen.

Als ich zurück zur Vinetastraße laufe, höre ich den Wind in den Bäumen, Spätsommer, der Herbst kündigt sich an. Der Enttäuschung lässt sich nur das private Glück entgegensetzen, denke ich. Vater und Sohn leben mit ihren Frauen in liebevollen Beziehungen zusammen.

Als ich wieder in die U-Bahn steige, denke ich an meinen Onkel und frage mich, ob er sich mit Mirko und Herbert verstehen würde?

Neben mir steigt ein junger Mann ein, der in wohlformulierten Sätzen um eine kleine Unterstützung bittet. Die Menschen blicken auf und dann betreten wieder nach unten, die mit Kopfhörern müssen gar nicht reagieren. Der junge Mann bedankt sich und verlässt das Abteil. Die Türen schließen sich, die Bahn fährt weiter.

»Dass sie einfach mal sagt, das hast du aber gut gemacht«

Kristina (*1974) und Sibille (*1949)

Dörte Grimm

In Erfurt weht ein sommerlicher, starker Wind, als mich Kristina um elf am Bahnhof begrüßt. Zum gemeinsamen Gespräch mit ihrer Mutter Sibille sind wir erst in drei Stunden verabredet und ich frage, ob wir das Gespräch nicht früher führen wollen. Doch Kristina will mir mir die Stadt zeigen, mir von ihrer Kindheit und ihrem Aufwachsen berichten. Während sie erzählt, beginne ich zu ahnen: Das uns bevorstehende Gespräch mit ihrer Mutter kann eine Herausforderung werden. Ihre Geschichte klingt nach unerfüllten Träumen und nach dem Wunsch, noch einmal die Chance zu erhalten, eine andere Richtung einzuschlagen.

Ich erkundige mich bei Kristina, für welchen Ort sich beide entschieden hätten, um das Gespräch zu führen. Sibille hat mir am Telefon erzählt, sie hätte uns gern bei sich zu Hause begrüßt, aber ihre Tochter würde die Anonymität eines fremden Ortes bevorzugen. Kristina berichtet mir nun, Sibille hätte gesagt, Fremde ließe sie nicht gern in ihre Wohnung.

Als wir im Speicher ankommen, dem Café, das Kristina schließlich für das Gespräch ausgesucht hat, findet eine merklich kühle Begrüßung zwischen Mutter und Tochter statt: eine lockere Umarmung. Blicke, die sich nicht treffen. In der oberen Etage des Cafés sitzen nachmittags noch keine Gäste; unter rustikalem Fachwerk stehen dort bunt zusammengewürfelte Tische und Stühle, in das dunkle Holzensemble fällt nur wenig Licht durch die kleinen Fenster. Der menschenleere Raum scheint auf uns gewartet zu haben. Kristina und Sibille nehmen Platz und sehen mich erwartungsvoll an.

Auch in meiner Familie fängt man nicht einfach so an, über die Zeit in der DDR zu sprechen. Jede Frage braucht das richtige Setting, den richtigen Moment, um zu einem echten Gespräch zu führen. Und auch ich und meine Eltern müssen diese Art zu reden immer wieder üben. Es gibt eine große Hürde in ostdeutschen Familien, über die wir im Austausch gemeinsam klettern müssen, um über die Vergangenheit zu sprechen. Warum ist das auch nach dreißig Jahren noch so, frage ich mich.

Fangen wir mit Fragen nach den Eltern an, denke ich. Sibilles Großvater war NSDAP-Mitglied und arbeitete als Polizeihauptmann in Spremberg. Er wurde 1945 von russischen Soldaten nach Buchenwald gebracht, »mehr weiß man darüber nicht«, schließt Sibille. Ihre Mutter arbeitete als Protokollantin am Arbeitsgericht, ihr Vater als Werkzeugmacher. Auch er wurde im Krieg eingezogen.

»Mein Vater meinte immer: ›Man muss eben den Kopf einziehen, wenn geschossen wird!‹« In Sibilles Familie wird über Politik nicht gesprochen, die Auseinandersetzung mit der Nazi-Vergangenheit des Großvaters findet nicht statt, wie auch der Mauerbau 1961 nicht thematisiert wird. Eine Kriegserinnerung taucht jedoch wieder auf: »Meine Tante wurde von einem Russen vergewaltigt, das wussten wir alle. Deswegen hat meine Mutter später auch nichts von der aufgesetzten deutsch-sowjetischen Freundschaft gehalten.« Mit neunzehn Jahren zieht Sibille von zu Hause aus.

Sibille streicht sich die schwarzen Haare aus dem Gesicht und erklärt, dass sie sehr lange nachdenken muss, wenn sie sich an etwas Liebevolles in ihrer Kindheit erinnern will. »Ich habe mich immer wie Aschenputtel gefühlt. Ich war eben die Große, musste Feuer machen, einkaufen gehen, saubermachen und auf meine Schwester aufpassen. Und wenn Vater von der Arbeit kam und dann etwas nicht fertig war, bekam ich gleich Stubenarrest, Kinoverbot oder Dresche.«

Kristina schüttelt den Kopf: »Deine Schwester war erst sechs Jahre alt, ist doch klar, dass man sich um das kleine Wurschtel kümmern muss. Also das Aschenputtel, das glaube ich dir nicht!«

Sibille blickt flüchtig zu Kristina. »Soll ich mir das eingebildet haben? Ich habe das als schlimm empfunden. Wenn ich mit meinen Freundinnen heute darüber spreche, dann meinen die immer noch: ›Du hast uns damals ganz schön leid getan.‹«

Sibille arbeitet in Erfurt als Außenhandelskauffrau im VEB Mikroelektronik, setzt Verträge mit dem sozialistischen Ausland auf, überprüft und überwacht den Wareneingang der Produktion. In ihrer Funktion als Außenhandelskauffrau wird ihr der Kontakt mit den westdeutschen Großeltern ihres Mannes untersagt, doch das lässt sie sich nicht verbieten. Vielleicht wäre sie in ihrer Funktion gern in die Sowjetunion zu Verhandlungen gereist, doch man stellt sie vor die Entscheidung: entweder Kontakt zur Westverwandtschaft oder Dienstreisen im sozialistischen Auftrag. Etwas anderes ist nicht verhandelbar.

Vor dem Mauerfall spielte Politik keine große Rolle für sie, erinnert sich Sibille. »Ich habe stets meinen Mann gefragt: ›Wer sind die Guten und wer sind die Bösen?‹, damit fuhr man gut. Wenn im Nachhinein erzählt wurde, man hätte in diesem System nicht alles sagen dürfen, frage ich mich immer: Was wolltest du denn sagen, was du nicht äußern durftest?«

Nach der Währungsunion 1990 erhält Sibille in ihrer Position im Vergleich zu vorher ein hohes Gehalt, die Familie beginnt, sich erste Anschaffungen zu leisten. Doch durch ausbleibende Subventionen und angepasste Realmarktpreise bricht der osteuropäische Markt für das Kombinat als Vertragspartner weg, Kollegen gehen, ein neuer Chef übernimmt die Leitung des Betriebes. Als sie gefragt wird, ob sie als Sekretärin für den Chef arbeiten möchte, überlegt sie nicht lange und sagt zu. »Wenn ich dann früh um sieben Uhr im Büro war und abends um acht Uhr wieder gehen wollte, fragte er ironisch: ›Sie können mich wohl gar nicht leiden?‹« Für die Familie bleibt wenig, für eigene Träume noch weniger Zeit. Kurz darauf verliert Sibille die neue Stelle, der Chef setzt auf eine Sekretärin, die bereit ist, länger zu arbeiten. Alles auf Anfang. Dass sie irgendwann arbeitslos sein könnte, wäre Sibille nie in den Sinn gekommen. Den Niedergang des wirtschaftlichen Systems erklärt sie sich im Nachhinein damit, dass »Materialien für einen zu hohen Preis eingekauft wurden, aber man billig produzierte. Da mussten wir ja bankrottgehen.«

Das gesamte Kombinat zerfällt, einige Betriebe werden über die Treuhand privatisiert. Nach einigen internen Wechseln – »Ich bin immer so eine kleine Rebellin gewesen, habe an entsprechenden Stellen den Mund nicht gehalten.« – arbeitet Sibille für einen neuen westdeutschen Personalchef. Eines Tages steht sie ihm am Schreibtisch gegenüber, sie plaudern, bis Sibille merkt, dass er während des Gesprächs eine Kündigung nach der nächsten unterschreibt. Fassungslos fragt sie ihn, ob er nichts empfinde, wenn er mit seiner Unterschrift im Akkord über so viele Schicksale entscheide? Kurze Zeit später wird auch sie endgültig gekündigt.

In der Flut der Veränderungen muss sich die Familie im Wochenrhythmus auf neue Regelungen einstellen und ist so permanent beschäftigt. Heute weiß Sibille, dass sie von den Ereignissen in erster Linie überwältigt war. Dass sich die abwertenden und verletzenden Erfahrungen in sie eingeschrieben haben.

»Das beschäftigt heute noch viele Menschen. Dieses einfach nicht akzeptiert worden Sein, dieses Arrogante, dieses Überhebliche. Ich habe das Gefühl, das müssen wir den Westdeutschen immer wieder erklären.« Sibille spricht von »Schock« und »Trauma«, wenn sie an diese Zeit denkt. »Man hatte uns von heute auf morgen ein völlig neues System übergestülpt.« Ihr Blick streift Kristina. »Vielleicht waren wir deshalb damals zu viel mit uns selbst beschäftigt.«

Kristina sieht nicht zu ihrer Mutter hinüber, sie sucht meinen Blick. Sibille versucht zu vermitteln, es fällt ihr schwer, ihre Gefühle auszudrücken. »In der Zeit habe ich als Erstes an die Kinder gedacht. Was sollte jetzt aus ihnen werden? Alles, was vorher positiv vermittelt wurde, in den Kindergärten und Schulen, galt nun als das Negative.«

Kristina starrt vor sich hin. Sibille versucht, die Situation aufzulockern, erzählt von den ersten Streifzügen durch die Supermärkte mit neu gefüllten Regalen und dass sie einmal anstelle von Zucker Gelierzucker gekauft hätten. »Das Angebot war so vielfältig, das musste man erst einmal verkraften.«

Neben der bunten Warenvielfalt gibt es aber auch die Anforderung des neuen Systems, sich aktiv in den Arbeitsmarkt einzubringen. Existenznot gab es für Sibille wie für die meisten der in der DDR lebenden Bürger bis dahin nicht. Natürlich, sie wären gern gereist, aber das ging nun einmal nicht. »Freiheit ist ein großes Wort. Niemand wird je ganz frei sein. Nach 1989 haben viele gedacht, sie können tun und lassen, was sie wollen, dass alles grenzenlos sei. Aber so war das eben nicht.«

Denn um diese neue Freiheit nutzen zu können, muss Geld verdient werden. Die Abschaffung der Planwirtschaft und sich dem marktwirtschaftlichen System anzupassen, forderte vielen ein Umdenken ab, dem nicht jeder gewachsen war. Vielleicht begegnet mir deshalb oft in Gesprächen mit Menschen der Zweiten Generation Ost eine bestimmte Art der Argumentation. Das restriktive System der Diktatur und die fehlende Reisefreiheit in der DDR werden immer wieder, und das nicht einmal unbewusst, mit dem Empfinden einer sicheren Existenz ohne drohende Arbeitslosigkeit, den niedrigen Lebenshaltungskosten in der DDR aufgewogen. Ich frage mich dann, wie es möglich ist, auf diese Weise zu argumentieren. Was der Mensch nicht kennt, er nicht begehrt?

Ich frage Kristina, wie weit ihre Erinnerungen an die Zeit in der DDR zurückreichen. Sie war erst fünfzehn, als die Mauer fiel. Sie berichtet, dass sie in diesem Alter mehrmals die Woche nach der Schule zum Tanztraining gegangen ist. Ihre Augen leuchten, als sie davon erzählt, das Ballett ist damals ihr großer Traum. Doch wenn sie samstags mit ihrer Schwester von der Schule kommt und von der Straße aus sieht, wie ihre Mutter die Gardinen von den Fenstern abnimmt, wird ihr ganz anders. Dann wird die komplette Wohnung geputzt und jeder muss mitmachen, ob er will oder nicht. Kristina erklärt, dass ihre Abneigung gegen das Putzen aus dieser Zeit stammen muss. »Die Wohnung musste wegen deiner Hautkrankheit und deinen Asthmaanfällen staubfrei sein«, erklärt Sibille. Kristina reagiert wütend. »Das war gar keine Hausstauballergie, sondern ein endogenes Ekzem, und ich kann mich nur an einen einzigen Asthmaanfall erinnern, an mehr nicht!«

Kristina zeigt schon früh Talent für das Tanzen, für klassisches Ballett wie auch Paartanz. Durch den Sport genießt sie bald Privilegien, für die sie von der Schule freigestellt wird. Mit dreizehn Jahren wird sie als Tänzerin zu den Weltmeisterschaften im Sportschießen nach Suhl eingeladen und tanzt in einem Showprogramm. Durch den Abend führt Carmen Nebel, Musiker mit

Rang und Namen treten auf. Für die Show schön geschminkt, genießt Kristina den Auftritt im bunten Kleid. Bis Mitternacht dürfen sie aufbleiben, der Auftritt wird sogar bezahlt. Im Anschluss wird die Gruppe auf einen Empfang beim Bürgermeister eingeladen, dort gibt es Kaviarschnittchen und sie trinkt zum ersten Mal Sekt. Der Duft der weiten oder zumindest einer privilegierteren Welt weht ihr um die Nase und sie ahnt, ihr Talent könnte ihr manche Tür öffnen, die anderen verschlossen bleibt.

Kristina nimmt an der Aufnahmeprüfung einer namhaften Ballettschule in Leipzig teil, die Prüfer reagieren begeistert. Doch sie erhält nicht die ärztliche Genehmigung, die Ausbildung zu beginnen. »Die Hautärztin hatte an der Diagnose keinen Zweifel gelassen, wie hätten wir uns als Eltern denn verhalten sollen?«, sagt Sibille dazu. »Wir trugen doch die Verantwortung für dich.«

»So habt ihr damals die Absage begründet«, weiß Kristina. »Bis du mir vor ein paar Jahren erzählt hast, dass du eigentlich auch nicht wolltest, dass ich wegziehe, nachdem Kathrin schon aus dem Haus war! Du wusstest, was mir das Ballett bedeutet!«

Sibille hält Kristinas Blick nicht stand. »Wir haben uns um deine Gesundheit gesorgt, das musst du mir glauben.«

1989 fährt Kristinas Trainer, der für sie wie ein zweiter Vater ist, mit seiner Familie in einem der ersten Züge in Richtung Ungarn, um so in die BRD zu gelangen. Für Kristina bricht eine Welt zusammen. Es findet sich vorerst niemand, der die Gruppen weiterführt. Eine konkurrierende Tanzschule nimmt die Tänzer zwar vorerst auf, doch dort werden sie stiefmütterlich behandelt. Schon seit Jahren gut harmonierende Paare werden auseinandergerissen, andere gehen.

Viele von Kristinas Schulfreunden ziehen nun in andere Städte, die Lehrer werden auf ihre Staatsnähe überprüft und oft ausgetauscht. Das Schulgebäude fällt durch zu starke Verarbeitung von Asbest und Baufälligkeit unter neue Gebäudevorschriften und muss saniert werden. Alles neu, alles anders. Aber das Neue schafft auch Freiräume. Die Kinder dürfen sich im Keller der Schule einen Hobbyraum einrichten, wie es ihnen gefällt, und besprühen alles bunt mit Graffiti.

Wenn Kristina heute mit ihrer achtzehnjährigen Tochter Isabelle durch die Erfurter Straßen läuft und diese sich nach bestimmten Orten und deren Geschichte erkundigt, sagt Kristina oft: »Das, was du hier siehst, gab es früher nicht, das musst du dir alles wegdenken.« Denn viele Orte ihrer Kindheit sind verschwunden. Die Tanzschule befand sich früher in einem Kirchengebäude, das vor einigen Jahren wieder zum Kloster umfunktioniert wurde. Das Haus, in dem die Familie gewohnt hat, steht nicht mehr.

Das Plattenbauwohngebiet, in dem ich selbst aufgewachsen bin, gibt es heute noch. Aber die Häuser sind nun bunt gestrichen und nennen sich nicht mehr »DSF«, das Kürzel für Wohngebiet der »deutsch-sowjetischen Freundschaft«. Ich bin im Alter von sechzehn Jahren mit meinen Eltern von dort in das zwanzig Kilometer entfernte Pritzwalk gezogen, was für mich damals einer Katastrophe gleichkam und meinen eigenen Umgang mit den Veränderungen der Zeit auf eine neue Probe stellte. Neue Schule, neue Freunde, und ich inmitten der Selbstfindung. Noch heute zeichne ich in meinen Träumen die Wege im Wald am Rand meines alten Wohngebietes nach, in dem ich einen großen Teil meiner Kindheit verbracht habe. Und ich werde traurig, wenn mir einer der Wege in der Vorstellung verloren geht. Hier bin ich auf Mofas durch den Wald gerast, habe Schnitzeljagd gespielt und Anfang der Neunzigerjahre einmal wie wahnsinnig vor Angst meine damalige beste Freundin gesucht, die mir mit fünfzehn Jahren einen Abschiedsbrief schrieb, in dem stand, dass sie

»nicht mehr kann«, sie »immer auf mich aufpassen« würde und ich »ihr nicht böse sein« solle. Zum Glück haben wir sie gefunden und sind mit einem Schrecken davongekommen. Geschichten wie diese sind es, die im Spiegel der Zeit und des Umbruchs eine andere Färbung bekommen. »Unter jedem Dach ein Ach«, nennt es meine Mutter, und sie hat recht. Die Dramen schlummern in den Familien und brechen dann aus, wenn sie durch andere Umstände Raum bekommen und sich nicht nicht mehr unterdrücken lassen.

Kristina kann den geplatzten Traum vom Ballett nicht verwinden. Sie trainiert nun hart für den Turniertanz und will weiterkommen, doch ihr Tanzpartner nimmt den Sport nicht mehr so ernst wie sie. Die Pubertät tut ein Übriges und stellt alles auf den Kopf. Beide reißen sich noch für eine Weile zusammen, doch irgendwann hören sie auf. Einen neuen Partner auf ähnlichem Niveau findet Kristina nicht.

Ein Jahr später hätte sie fast noch einmal den Versuch gewagt, an einer Aufnahmeprüfung für das Ballett teilzunehmen. Doch Kristina kneift. »Ich hätte zu gern gewusst, ob sie sich immer noch nach mir reißen würden, aber ich habe mich nicht getraut.«

Mutter und Tochter wiederholen noch einmal ihre Version der Geschichte um Kristinas Hautkrankheit. Dann herrscht Schweigen. Ich bin unsicher, ob ich weiterfragen soll, ob die Wahrheit den beiden tatsächlich hilft. Doch welche Wahrheit? Mich überrascht, wie hart Sibille und Kristina auch nach dreißig Jahren noch um sie ringen. Ich entscheide mich, das Thema zu wechseln, erkundige mich nach Kristinas Vater, seiner Arbeit, ob er Mitglied der SED war.

»Ich weiß gar nicht, inwiefern er involviert war. Da steht für mich immer noch ein großes Fragezeichen«, antwortet Sibille und meint damit die Frage, ob ihr Mann als Informeller Mitarbeiter bei der Staatssicherheit gearbeitet hat oder nicht. Ich habe aber eigentlich nach seiner Mitgliedschaft in der SED gefragt.

Sibilles Mann hat Anfang der Neunziger Akteneinsicht beantragt, wobei sich herausstellt, dass die Stasi keine Akte über ihn geführt hat. Doch Sibille widerspricht sich in ihren Aussagen. Sie hätte schon damals so ein »Bauchgefühl« gehabt, dass seine Verschwiegenheit der Familie gegenüber auch andere Ursachen haben könnte. Immerhin hat er als Abteilungsleiter bei Mikroelektronik Erfurt gearbeitet. »Ich weiß nur, dass die Stasi auf ihn zugegangen ist. Er musste sicher Stillschweigen unterschreiben und wollte uns mit dem Thema nicht belasten …« Sibille hält inne. »Vielleicht möchte ich gar nicht mehr wissen, was damals alles passiert ist.« Sie überlege immer wieder, ob sie einen Antrag auf Einsicht in die eigene Stasi-Akte stellen solle, hat den Gedanken daran aber wieder verworfen. Bis heute gibt es keine Klarheit.

In gewisser Weise war die Zeit mit all ihren Veränderungen stärker als die einzelnen Leben, denke ich. Sie hat die Menschen mit ihren Herausforderungen vor oft unmögliche Anpassungsleistungen gestellt. Und diese lassen sich schwer greifen vor einer Leinwand der offiziellen geschichtlichen Version: der friedlichen Revolution.

Kristina schließt im Jahr nach dem Mauerfall die zehnte Klasse ab und ist wie die meisten ihres Jahrgangs auf der Suche nach einer Lehrstelle. Zur Auswahl stehen damals nur Ausbildungen zur Bibliothekarin, Bäckergesellin und Krankenschwester. Kristina erinnert sich an die Einwände, die Sibille damals vorbrachte: »Bibliothek – staubige Bücher, vergiss es!« Oder, für die Krankenschwesterausbildung: »Chemikalien – doch nicht mit deinen Händen!« In der Bäckerei verboten sich Backen und Kundenkontakt »mit diesen Händen!«

»Jahrelang bin ich mit Cortison behandelt worden, dementsprechend sah ich auch aus! Das hätte ich mir gern erspart«, erzählt Kristina, denn es stellt sich heraus, dass ihr endogenes Ekzem durch eine simple Ernährungsumstellung nahezu komplett geheilt werden kann. Alle Hautrisse und Rötungen verschwinden. Kristina bleibt die persönliche Enttäuschung, über die sie mit niemandem sprechen kann und die sich paart mit der Enttäuschung über die veränderten gesellschaftlichen Bedingungen. Eigentlich würde sie gern kreativ arbeiten, mit Menschen zusammen sein, aber sie lernt schließlich Rechtsanwaltsgehilfin. Sibille erinnert sich, dass die Familie einen Rechtsanwalt kannte, der bei der Suche nach einem Ausbildungsplatz behilflich war. Wieder widerspricht Kristina vehement. So wäre das nicht gewesen. Sie hätte allein mit ihrem Vater nach einer passenden Lehrstelle gesucht, Beziehungen hätten keine Rolle gespielt und ihre Mutter hätte das nicht interessiert.

Im Alter von neunzehn Jahren zieht sie aus. »Zu Hause gab es zu viel Kontrolle«, erklärt sie mit Seitenblick auf ihre Mutter.

»So streng war es nicht!«, versucht Sibille zu beschwichtigen.

Kristina antwortet leise, fast liebevoll: »Doch, das war es.«

Beide schweigen.

In der Liebe zu allem Kreativen ist Kristina ihrer Mutter nicht unähnlich. Auch Sibille hat von einem künstlerischen Beruf geträumt, genauer gesagt von Malerei und Gesang. In ihrer Heimatstadt Spremberg wird ihr als Sängerin eine außerordentliche Begabung attestiert und sie besteht die Aufnahmeprüfung an der Musikhochschule in Dresden. Doch Übungsstunden gehören zu den Pflichten der Ausbildung und ein Klavier in der Wohnung ist für Sibilles Vater undenkbar: »Entweder das Klavier oder ich ziehe hier aus!« Also nimmt Sibille Klavierunterricht, kann aber nicht ausreichend üben. Nach einem halben Jahr rät ihr der Lehrer, es bleiben zu lassen, sie hätte nicht genug Zeit, sich das Instrument zu erarbeiten.

Und sie lässt es sein, denn auch ihre Eltern drängen, »erst einmal einen Beruf zu lernen«. Sibille, die schon immer gern gezeichnet hat, träumt jetzt von einer Lehre als Werbe- und Plakatzeichnerin in Cottbus. Doch dort bildet man nur alle zwei Jahre aus. Schließlich gibt Sibille dem Drängen der Eltern nach. Mit ihrer Mutter geht sie zum Rat der Stadt, dort wird ihr angeboten, zwischen Ausbildungen zur Bank- oder Handelskauffrau zu wählen. Sibille entscheidet sich für eine Lehre zur Handelskauffrau.

Nach Abschluss ihrer Ausbildung zieht Sibille frisch verheiratet zu ihrem Mann nach Dresden, der dort an der Technischen Universität studiert. Sie einigen sich darauf, dass Sibille ein Musikstudium beginnen kann, sobald ihr Mann sein Studium abschließt. In der Zeit wird sie mit ihrer ersten Tochter Kathrin schwanger. Sie beginnt bei Pentacon, dem späteren Kombinat VEB Carl Zeiss Jena, und fängt nebenbei eine Ausbildung zur Solistin an der Musikhochschule an. Sie singt einige Male für die Dresdner Arbeiteroper, auch als Kathrin noch klein ist. Dann bietet ihr der Betrieb ein Frauensonderstudium an, das sie zur Fachökonomin ausbildet. Sie sagt zu, nimmt lange Wege in Dresden zwischen Familie, Arbeit, Studium, Ausbildung und Arbeiteroper in Kauf. Ein Vierteljahr später hat sie einen Nervenzusammenbruch. Sibille hört auf den Rat einer Ärztin und verabschiedet sich vom Ökonomiestudium. Eine Fehlentscheidung, sagt sie heute. Dann wird sie mit Kristina schwanger. Sie gibt von einem Tag auf den nächsten das Singen auf und widmet sich ganz der Familie.

Ein roter Faden von als falsch empfundenen Entscheidungen eint Kristina und Sibille in ihrem Nachspüren der Vergangenheit. Jeder Mensch hat ein Recht auf die Deutungshoheit seiner eigenen Geschichte, denke ich. Hier sitzen sich Mutter und Tochter gegenüber und erzählen über ihre Leben, als wären sie getrennt voneinander geführt worden, als gehörten sie nicht zueinander. Kristina wirft Sibille vor, ihre Träume zu früh aufgegeben zu haben. Doch Sibille hat vieles unternommen, um ihren Traum zu verwirklichen. 1996 startet sie noch einmal einen Versuch und übt mit einer Sängerin Chansons ein. Doch sie singen nur vor Rentnern und jungen Müttern, das reicht Sibille nicht. Auch fühlt sie sich zu alt. »Mir kam das albern vor. Ich fühlte, das muss ich jetzt endlich abschließen.«

Kristina widerspricht. »Aber man kann doch nur etwas abschließen, was man auch tatsächlich probiert hat!«

1996 wird Sibille arbeitslos und bleibt ein Jahr zu Hause. »Mit der Arbeitslosigkeit hatte ich nicht gerechnet. Im Nachhinein denke ich, das war eine Chance für mich und mein Leben, aber in dem Moment fühlte es sich anders an.«

Mutter und Tochter halten wenig Kontakt damals, beide sind mit eigenen Herausforderungen beschäftigt. Sibille schreibt Gedichte, beginnt zu malen und betätigt sich im Freien Autorenverband. »Zum alten Eisen wollte man ja nicht gehören, also musste man sich beweisen.«

Überraschend wird sie gefragt, ob sie bei einem lokalen Fernsehsender als Redakteurin arbeiten will. Sie zögert. Sie soll beim Fernsehen arbeiten? Doch ihr Mann glaubt an Sibille und kann sie überzeugen. So wagt sie einen Quereinstieg und wird Kulturredakteurin, ein Beruf, für den man eigentlich studiert haben muss. Sie ist viel unterwegs und lernt die unterschiedlichsten Menschen kennen. »Ich wurde ins kalte Wasser geworfen. Aber es war, als hätte ich das schon immer gemacht!«

Doch das Glück, das Sibille über die Arbeit erfährt, währt nicht lange. 2005 wird bei ihr Darmkrebs diagnostiziert, der sich aber abkapselt, nicht bestrahlt werden muss und somit leicht entfernt werden kann. Als ihr fünf Jahre später bestätigt wird, dass sie völlig gesund ist, erhält ihr Mann eine Krebsdiagnose. Sibille sagt leise: »Da wollte ich eigentlich gar nichts mehr, nicht mehr singen, auch nicht mehr leben.« Primärtumor in der Niere, der streut und auch das Gehirn angreift. Die Schwere der Krankheit verheimlicht der Vater seiner Familie, doch das gelingt ihm nur kurzzeitig. Der Krebs breitet sich schneller als erwartet aus. »Zu sehen, wie mein kluger, stolzer, starker Mann so schnell an Kraft verlor, war sehr schmerzlich. Durch den Hirntumor und die Medikamente veränderte er sich sehr, das war nicht mehr er.«

Sibille pflegt ihren Mann ein Jahr lang zu Hause, dann wird er auf eine Palliativstation verlegt und stirbt kurze Zeit später. Der liebende, fürsorgliche Vater, der für alle da ist und auf alles eine Antwort weiß, die Frauen in der Familie miteinander verbindet, geht.

Kristina wechselt das Thema und berichtet von ihren Auftritten am Erfurter Theater, an dem sie seit einiger Zeit als Statistin auf der Bühne steht. Sie hat mir vor diesem Gespräch erzählt, dass auch sie ihren Vater sehr vermisst. Doch das sagt sie jetzt nicht. Sie beschreibt, wie glücklich sie ist, wenn sie auf der Bühne steht. Wie sie die Energie mit auf die Arbeit nimmt, um dort »Stimmung in die Bude« zu bringen. Nach ihren Worten wird es wieder still.

Kristina arbeitet nach ihrer Ausbildung zur Rechtsanwaltsgehilfin bei einer Anwältin, ohne eine feste Anstellung zu erhalten. Sie unterschreibt bei einer Zeitarbeitsfirma und hofft, die Entscheidung würde bei der Suche nach der richtigen Stelle helfen, doch es beginnt eine jahrelange Bewährungsprobe. Sie arbeitet bei Rechtsanwälten, baut eine zweite Zeitarbeitsfirma mit auf, ist bei verschiedenen Baufirmen tätig. Während dieser Zeit verliebt sie sich in einen Tänzer und wird schwanger. Der Freund kann bald aus gesundheitlichen Gründen nicht mehr professionell tanzen. In Bayern eröffnet man ihm die Möglichkeit eines Quereinstiegs in ein Geschäft. Kristina zieht mit ihm und der vier Monate alten Tochter nach Bayern. Freunde warnen sie, sie würde im Süden nicht heimisch werden.

Die Warnungen bestätigen sich, Kristina fühlt sich fremd. Es gelingt ihr nicht, Anschluss zu finden, weder über eine Arbeit noch über den Tanz. Zwei gute Jobangebote will sie annehmen, doch es findet sich kein Kitaplatz für die Tochter; in Bayern bleiben die meisten Mütter die ersten Jahre bei ihren Kindern zu Hause. Kristina und Sibille haben in dieser Zeit kaum Kontakt.

Das Geschäft, in dem Kristinas Freund Anstellung gefunden hat, löst sich nach zwei Jahren auf, er wird depressiv und die ersten Spannungen belasten die Familie. Sie ziehen zurück nach Erfurt, die beiden leben noch eine Weile zusammen, dann trennen sie sich nach zwei weiteren Jahren. »Die Familie muss immer zusammenbleiben«, zitiert Kristina ihre Mutter, die froh ist, als wenigstens eine ihrer Töchter wieder in die Heimat zurückkehrt. Doch Kristinas Rückkehr bedeutet für die beiden nicht, dass sie sich nun öfter sehen als vorher.

Wieder arbeitet Kristina bei der Zeitarbeitsfirma, landet als Urlaubs- und Schwangerschaftsvertretung in Sekretariaten oder in der Personalabteilung. Bei jedem neuen Job hofft sie auf Verbindungen, die zu einer Festanstellung führen. Als ihre Tochter drei Jahre alt ist, arbeitet sie als Alleinerziehende sogar in Nachtschichten.

Nach acht Jahren bei der Zeitarbeitsfirma beschließt diese, Kristina wegen steigender Löhne, die sich aus der langjährigen Verbindung ergeben, »aus der Kartei wegzurationalisieren«, sie wird gekündigt. Sie wehrt sich mit einem Anwalt und man einigt sich mit einem außergerichtlichen Vergleich. Dem folgt noch eine kurze Tätigkeit beim Arbeitsamt, dann wieder Arbeitslosigkeit, bis sie endlich Anstellung als Sachbearbeiterin bei einer Krankenkasse findet, in der sie nun seit neun Jahren beschäftigt ist. Erst vor zwei Jahren wurde ihr Vertrag entfristet.

Sibille bestätigt, dass Kristina da kein Einzelfall ist. Es ist der erste Moment im Gespräch, in dem die beiden Frauen einer Meinung sind. »Rechtsanwälte zum Beispiel haben damals immer für ein halbes Jahr Fördermittel bekommen. Nach einem halben Jahr Probezeit kann man die Leute natürlich auch ohne Grund kündigen, dann kam der Nächste und es wurden wieder Fördermittel abkassiert.«

Ich frage, wie lange diese Praxis so weiterlief, ohne dass sich jemand arbeitsrechtlich dagegen zur Wehr setzte? Bis heute, bestätigen mir beide, heute müsse man sich als Arbeitgeber allerdings auf zwei Jahre verpflichten, bevor man jemandem kündigt. Die Praxis bliebe dieselbe.

Sibille denkt zurück an die Jahre in der DDR. Jedes Mal trifft mich der Satz überraschend, aber ich höre ihn oft aus dem Mund der Elterngeneration: »Trotz aller Erschwernisse und Mängel hatten wir in der DDR ein besseres Leben. Um Geld und Arbeit mussten wir uns nicht sorgen, wir haben maximal den nächsten Urlaub geplant.«

Kristina widerspricht. »Das frühere und das jetzige Leben lassen sich nicht miteinander vergleichen. Das sind schöne Erinnerungen, aber die sollte man hinter sich lassen.«

Sie will ihrer Mutter damit eine Hilfestellung geben, ihr sagen, es ist okay, was war, und was sein wird, wird sich finden. Lass das los. Aber Sibille versteht den Hinweis nicht. Sie verbindet mit der DDR nicht nur Jahre der Sorglosigkeit, sondern auch eine Zeit, die sie zusammen mit ihrer Familie erlebt hat. Alle noch unter einem Dach, das Leben übersichtlich.

Ich frage die beiden, ob sie ein ähnliches Gespräch schon einmal geführt haben. Beide verneinen.

»Ich wurde nie gefragt«, sagt Kristina.

»Man hat es ja miterlebt«, ist Sibilles Antwort darauf.

Wir bezahlen, ich verabschiede mich von Sibille und sehe, dass die beiden sich ein wenig herzlicher in den Arm nehmen als zur Begrüßung. Kristina begleitet mich noch zum Bahnhof, wir reden wenig, sind beide erschöpft.

Im Zug erinnere ich mich, dass Sibille während unseres Gesprächs in Kristinas Gegenwart erklärt hat, ihre ältere Tochter Kathrin wäre als Gesprächspartnerin viel interessanter gewesen. Deren Studium zur Unterstufenlehrerin sei nicht anerkannt worden, sie habe sechs Jahre umsonst studiert.

Als ich nach einiger Zeit noch einmal mit beiden telefoniere, höre ich, dass Kristina Sibille zu einem Vorsingen am Theater überredet hat. Sie spielt in einem neuen Stück als Statistin und der Theaterchor sucht Unterstützung. »Dann stehen wir zusammen auf der Bühne!«, hat sich Kristina gefreut. Sibille sagt zu, der Chorleiter bemerkt schnell die Gesangsausbildung. Doch ihr gefällt das Repertoire nicht, sie entscheidet sich gegen die Teilnahme. »Wenn man einmal Solistin war, macht man das einfach nicht«, erzählt sie mir später.

Kristina gibt seit kurzem über ihren ehemaligen Tanzverein Unterricht und hat mit ihrer Gruppe zum Sommerfest eine Aufführung gestaltet. Zum Fest erscheint auch Sibille und äußert sich begeistert – gegenüber ihrer Tochter Kathrin. »Aber das sind so Sachen, die würden ihr nie über die Lippen kommen«, erklärt mir Kristina abschließend, »dass sie einfach zu mir sagt: Das hast du aber gut gemacht.«

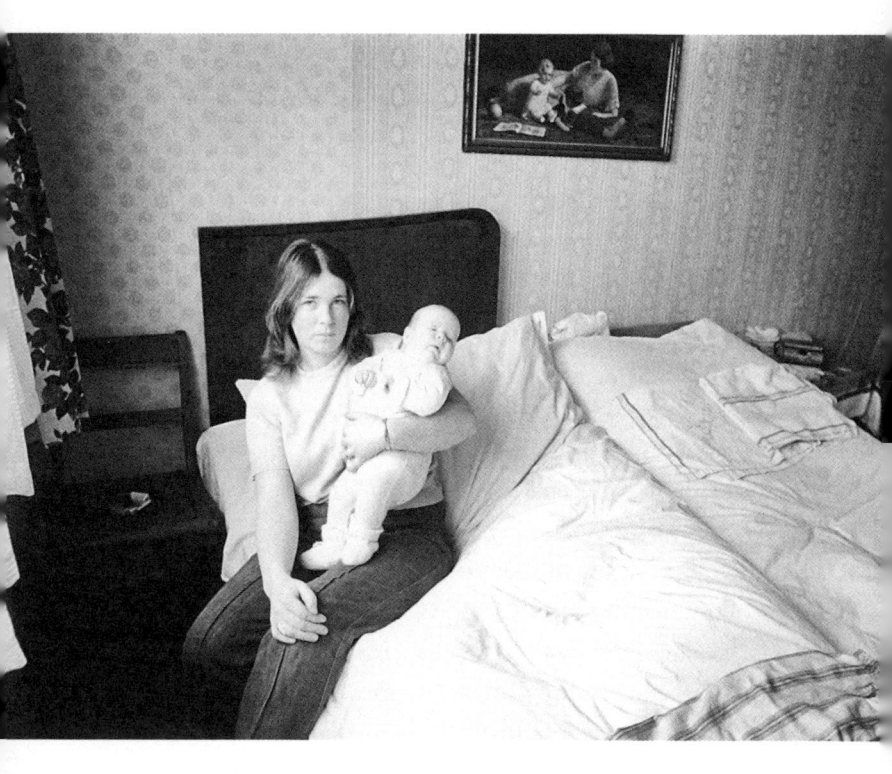

»In unserer Generation ist das nicht das Gefühl«

Susann (*1968) und Monika (*1949)

Sabine Michel

Es ist voll im Herzen des historischen Berlin. Da wo früher Restaurants und gemütliche kleine Cafés waren, hat in den letzten fünf Jahren ein Labelshop nach dem anderen geöffnet. Mode, nichts als Mode im Hochpreissegment. Das zieht Touristen aus aller Welt an. Im Coffeshop wird Englisch gesprochen, das Altersheim wird gerade abgerissen. Nun sollen hier Luxus-Eigentumswohnungen entstehen. Eine japanische Touristengruppe bleibt stehen und filmt den Abriss. Andere bahnen sich mit großen Einkaufstüten ihren Weg.

In einer Nebenstraße wohnt Susann. Ihr Haus wird immer noch von einer städtischen Wohnungsbaugenossenschaft verwaltet. Ich klingle unten und warte. »Hallo?«, schallt es aus der Gegensprechanlage. »Rechter Seitenflügel, ganz oben!« Susann lebt hier mit ihrem Freund und dem jüngsten ihrer Kinder, einem dreizehnjährigen Sohn. Sie arbeitet in einer Klinik und absolviert nebenbei ein Theologiestudium als Fernstudium. Susann wurde in Thüringen geboren und wuchs mit ihrer Schwester bei ihrer Mutter auf. Die hat beide Kinder sehr jung bekommen, auch Susann wird früh selbstständig und bekommt früh ihr erstes Kind, ein heute zwanzigjähriges Mädchen. Zu ihrer Mutter hat Susann ein kompliziertes, widersprüchliches Verhältnis. Als ich sie am Telefon frage, ob sie einem Gespräch mit ihr zustimmen würde, sagt sie zwar zu, aber warnt mich sofort, dass sie nicht wisse, ob sie es zu Ende führen könne.

Die Haustür fällt hinter mir ins Schloss, es ist sofort viel stiller. Der Straßenlärm bleibt draußen. Ich gehe durch das Vorderhaus, das Geländer windet sich über mir in einem offenen Treppenhaus nach oben. Irgendwo knallt eine Tür. Ich schaue hoch, sehe niemanden und ziehe unwillkürlich den Kopf ein. Dann stehe ich in dem engen Hof neben Mülltonnen. Ganz hinten sehe ich ein paar vergessene Stühle auf einem kleinen staubig vertrockneten Stückchen Erde. Ich betrete den rechten Seitenflügel und laufe nach oben. An den Wänden Inschriften der letzten zwanzig Jahre.

Auf dem obersten Absatz steht ein Wäscheständer, die Wohnungstür ist offen. Eine Frau mit kurzen dunklen Haaren begrüßt mich: Susann. Die kleinen Zimmer ihrer Wohnung gehen hintereinander von einem langen Korridor ab. Sie bittet mich in die Küche, augenscheinlich das Herz der Wohnung, ein gelebter Ort. Obst und Gemüse liegt dort in großen Schalen, die Kerze halb abgebrannt, die Teekanne griffbereit und an den Wänden neben einem kleinen Kreuz Zettelchen und Fotos. Susann erzählt, dass sie gerade viel zu tun hat für ihr Fernstudium in geschlechtergerechter Theologie.

»Ich arbeite im Wedding in einer Klinik mit multikultureller Patientenschaft. Wie begegnet man anderen Kulturen, wie findet man eine Sprache? Wie kommen Frauen da vor, wie funktioniert Familie und wie ist mein eigenes Auftreten? Das ist kritisch zu hinterfragen. Ich bin weiß, deutsch, gut gebildet und nicht arm. Welche Brille habe ich eigentlich auf, wenn ich andere Menschen anschaue? Darüber immer mal wieder nachdenken. Auch wenn ich die Bibel lese oder predige. Damit beschäftigt sich mein Studium.«

Susann wohnt schon lange in Berlin-Mitte, sie fühlte sich immer wohl hier, doch nun nerven sie die Touristen zunehmend. Sie hat vier Kinder, drei sind aus dem Haus; die Mittlere ist gerade wieder nach Berlin gezogen und wohnt an der Sonnenallee, der Älteste lebt in Thüringen. Der Jüngste ist in der Schule, er kommt in die neunte Klasse.

Vor acht Jahren ist Susanns Freund Christoph zu ihr gezogen. Er hat für die beiden Jüngeren ein Stück weit die Erziehung mit übernommen. Susann hatte sich nach der Geburt ihres Jüngsten von ihrem Mann getrennt. Ihr ältester Sohn ist damals bei seinem Vater geblieben. Für die beiden Jüngeren haben sich Susann und ihr Ex-Mann lange um das Sorge- und Umgangsrecht vor Gericht gestritten. Die Mittlere entschied schließlich selbst, dass sie bei Susann leben und ihren Vater nur dann sehen wollte, wenn sie es möchte. Der Jüngste lebt im vierzehntägigen Wechsel bei Mutter und Vater.

Susann erzählt das schnell und scheinbar sehr offen. Kocht nebenbei Tee, stellt Tassen hin, alles sehr effizient. Als ich sie fragen will, wie es ihr mit dieser Regelung geht, klingelt es.

Susanns Mutter Monika arbeitete nach dem Mauerfall in verschiedenen Abteilungen der Berliner Verwaltung, jetzt ist sie seit einigen Jahren Rentnerin. Sie kommt etwas außer Atem oben an, wirkt aber mit ihren kurzen blondierten Haaren sehr jugendlich. Sie bringt Wäsche vom Wäscheständer mit: »Ist doch alles schon trocken.« Susann nimmt sie ihr ab, sagt nichts dazu. Mutter und Tochter gehen freundlich miteinander um, aber es ist schnell zu spüren, dass unter der Oberfläche andere Erfahrungen, unterschiedliche Meinungen und Konflikte liegen. Susann bittet uns in ihr kleines Wohnzimmer am Ende des Ganges. Ich weiß nicht, ob sie es so wollte, aber jede von uns nimmt allein auf einem der drei kleinen Sofas Platz. Wir sitzen uns im Dreieck gegenüber.

Monika wurde im Gründungsjahr der DDR geboren. Ihre Eltern heiraten noch während des Zweiten Weltkrieges, als ihr Vater auf Fronturlaub ist. »Mein Vater hatte mit der NSDAP nichts zu tun, er war SPD, mein Großvater war Kommunist. Meine Mutter hatte bisschen braune Züge in ihren Jugendjahren, die ist '20 geboren, die hat den BDM mitgemacht und hat, glaube ich, wirklich an den Endsieg geglaubt. Darüber hat sich mein Vater dann später jahrelang noch amüsiert.«

Monikas Mutter lernt von 1934 bis 1937 Verkäuferin; nach dem Krieg arbeitet sie in einem Kirchenbüro. Später ist sie in der HO tätig. Ihr Vater ist Fleischer und neun Jahre älter als ihre Mutter. Monika ist eine gute Schülerin, sie möchte sich für die EOS bewerben, aber ihre Mutter ist strikt gegen weitere Schuljahre. Sie will, dass Monika nach dem Zehnteklassenabschluss eine Ausbildung macht und arbeiten geht. Daraufhin bricht Monika schon in der achten Klasse die Schule ab und beginnt eine Ausbildung zur Bäckerin. Mit noch nicht ganz achtzehn Jahren bekommt sie ihre erste Tochter, ein gutes Jahr später Susann.

Monika hebt die Schultern. »Geplant war das nicht, aber dieser Zufall war gut, sonst hätte ich keine Kinder.«

Susann lacht, versucht sich an einem Witz. »Och … wir sind keine Wunschkinder?« Ich frage mich, was so eine Aussage einer Mutter bei ihrem Kind auslöst.

Monika geht darüber hinweg. »Nein. Kinder waren und sind für mich nicht die absolute und einzige Erfüllung im Leben. Ich bin froh, dass ihr da seid. Aber dieser überzogene Kinderwunsch von heute und was man in der Schwangerschaft alles machen soll, nein, da krieg ich einen dicken Hals. Bei dir habe ich überhaupt erst im fünften Monat erfahren, dass ich schwanger bin.«

Monikas Mann ist acht Jahre älter, sie verloben sich, als Monika siebzehn Jahre alt ist. Später ziehen sie mit den beiden Kindern nach Berlin in das Haus seines verstorbenen Opas. Das Eheglück währt nicht lange. Monika ist zu Hause, versorgt die beiden Kinder, die Oma ihres Mannes und das große Haus. Sie fühlt sich eingesperrt und einmal sperrt ihr Mann sie auch wirklich ein. Sie springt aus dem Fenster – und lässt sich scheiden. Danach beginnt sie bei der Einwohnerregistrierung. Mit manchen ihrer Kolleginnen arbeitet sie ab da bis zum Mauerfall zusammen.

Susann nickt. »Ich hab dich manchmal nachmittags abgeholt und viele aus der Zeit kenne ich noch.«

Monika redet weiter. »Als ich dann im nächsten Referat arbeitete, hat mich auch die Solidarität meiner Mitarbeiter geschützt. Wir waren neun Mann, und wenn die nicht so solidarisch gewesen wären, dann hätte ich vieles schwerer durchgestanden. Verräter gab es keine. Ich hab die immer versucht alle mitzunehmen, von Amt zu Amt.«

Susann hakt ein. »In der Schule gab es in der Zeit nicht so ein Kollektiv für mich, aber in der Christenlehre gab es Gemeinschaft. Wir waren anders und deshalb aufeinander eingeschworen. In der Jungen Gemeinde haben wir ›LTI‹ von Klemperer gelesen und das mit der Zeitung Neues Deutschland verglichen. Als das für die Jungs mit der Armee losging: Was hat das für Folgen, wenn man das ablehnt, hält man das durch im Knast? Gemeinschaft war überlebenswichtig.«

»Ist doch gut so.« Monika scheint gerade wenig empfänglich für die Erinnerungen ihrer Tochter, zu sehr ist sie mit ihren eigenen beschäftigt.

Susann wendet sich an mich: »Diese Kreise hatten aber immer auch mit der Stasi zu tun. Das war ein Thema, das uns alle betraf.«

Jetzt nickt Monika. »Meine ersten Aha-Momente dazu hatte ich, als ich im Rathaus gearbeitet habe. Da kamen dann immer die Herren, liefen durch unsere Büros, man hat sie gekannt und gegrüßt. Und einmal laufe ich mit einer Mitarbeiterin auf der Straße und da kommen zwei von denen und ich grüße sie. Da sagt die zu mir: ›Die grüßt man nicht in der Öffentlichkeit.‹ Da habe ich dann nachgebohrt. Später kassierten wir auch die Bootsmieten, da kamen die auch wieder. Die hatten auch Boote, um immer und überall dabei sein zu können. Das Geld kam von der Kreisdienststelle. Aber draußen durfte ich sie nicht kennen.«

Anfang der Achtzigerjahre hat Monika eine Beziehung mit einem West-Berliner, den sie in Ungarn kennengelernt hat. Anfänglich kommt er alle vierzehn Tage, später fast jede Woche. Nun wird sie überall beobachtet. Sogar nachts unter ihrem Balkon.

Daran erinnert sich Susann genau. »Wenn ich abends kam, stand immer einer vor unserer Türe. Als er mich sah, ist er schnell nach oben gerannt, da wohnte aber keiner. Ich hab dann ›Gute Nacht!‹ nach oben gerufen. Die waren immer da. In ihren hässlichen Klamotten.«

»Von heute aus betrachtet, tut es mir um jeden Moment von Angst leid«, sagt Monika zustimmend. »Weil, die hatte man schon manchmal, wenn die mir nachts immer gefolgt sind. Manche waren auch einfach nur doof von denen.«

Susann ist damals Jugendliche und hat sicher auch Angst. »Ja, aber andere Überwachte sind in den Knast gegangen. Man wusste es nicht. Aber die Frage war, wie schränkt man sein Leben ein? Und lebt man es dann gar nicht mehr oder denkt man nicht ununterbrochen dran.«

Monika streicht über die Lehnen des Sofas. »Als Kind sollte ich vornehme Damen begrüßen und einen Knicks machen. Meine Oma wollte das, aber ich machte keinen Knicks. Bei der zweiten Aufforderung machte mein Vater die Türe auf und sagte: ›Wenn meine Tochter keinen Knicks machen will, dann macht die keinen Knicks.‹ So, das war für mich fürs Leben! Ich habe von da an immer einen Knicks gemacht, sogar mit sechzehn noch, aber weil ich es selbst entscheiden konnte. Das wurde mein Maßstab im Leben. Wenn mir etwas nicht gut tut, dann geht das nicht.«

Susann hört ihrer Mutter zu. Dann sagt sie freundlich, aber ohne ihre Mutter anzuschauen: »So eine Freiheit hätte ich auch gern gehabt.«

Monika antwortet schnippisch. »Hattest du nicht viel Freiheit?«

»Es gab viele Situationen, wo du sehr großzügig warst.« Nun spricht Susann ihre Mutter direkt an. »Ich meine jedoch die Freiheit in meiner persönlichen Entwicklung. Es war eine von dir bestimmte Freiheit. Der Beginn und das Ende waren klar definiert. Aber bei Einstellungen oder Entscheidungen die Freiheit: Ich kann das so oder so machen und du liebst mich trotzdem – das hätte ich mir mehr gewünscht.«

»Das ist Quatsch!« Monika scheint unberührt.

Susann wendet sich von ihr ab. »Genau das meine ich, du kannst keine andere Meinung annehmen.«

Monika lehnt sich zurück. »Ich wollte leben.«

Susann schaut sie an. Die Freiheit der Mutter, die die Tochter mitzutragen hatte. Ob sie wollte oder nicht. »Ich wusste immer, dass es auch schlimm ausgehen kann, aber ich habe es trotzdem gemacht. Ich hatte auch keine andere Wahl mit dir. Ich habe dann damals angefangen, viele Bücher über das Dritte Reich zu lesen, und da habe ich gedacht: Wenn die das aushalten, unter den Bedingungen für ihre Überzeugungen einzustehen, schaff ich das auch! Das war für mich der Maßstab.«

Monika folgt ihren eigenen Gedanken. »Ich konnte nicht anders. Aber ausreisen konnte ich auch nicht. Meine Eltern hatten schon mit der Ausreise meines Bruders einen Haufen Ärger, und dann hingt ihr Kinder dran. Was wird mit euch in der Schule? Wie machen sie euch fertig? Ausreise war kein Thema.«

Susann lacht tapfer. »Abitur durfte ich trotzdem nicht machen. Obwohl ich am Anfang alles war. Ich war bei den Pionieren, sogar Gruppenratsvorsitzende. Unsere Lehrerin hat immer gesagt: ›Wir sind eine Gemeinschaft und da gibt es verschiedene Aufgaben. Wer will die machen?‹ Wir haben uns alle gefreut und die Aufgaben gern gemacht. Da war ich wirklich naiv. Bin gleichzeitig zur Christenlehre gegangen, aber es war nicht politisch: Kastanien sammeln, ›Timur und sein Trupp‹ fand ich super. Ich konnte das beides verbinden: Kirche und Pionier sein. Ich musste in der Zeit an keiner Demonstration oder Ähnlichem teilnehmen. Das erste Mal politisch wurde es, als es um die FDJ ging. Meine Klassenlehrerin kam zu uns nach Hause: ›Mensch Susann, du willst Abitur machen? Ich weiß, du bist in der Kirche, das ist kein Problem, aber in die FDJ musst du.‹ Dann bekamen wir eine neue Lehrerin. Und auch die Schule war nun so anders. Plötzlich hatte das nicht mehr diesen Spaßfaktor von ›Timur und sein Trupp‹, sondern es gab Wettbewerbe für alles. Wehe, wir hatten zu wenig gesammelt. Früher konnte ich von der Christenlehre erzählen, das war völlig normal. Ich durfte meine Meinung zu allem sagen. Nun war alles anders. Wenn ich eine andere Meinung hatte, war das politisch. Ich war nun feindlich eingestellt. Weil ich ein Kreuz trug, war ich plötzlich aussätzig. Über meinen Konfirmandenunterricht durfte ich nicht reden. Ich habe verglichen und angefangen zu fragen: Warum? Das hat mich politisiert.«

Monika wendet sich ihrer Tochter das erste Mal richtig zu. »Ja, und dann hatten wir einen Elternabend, wo die Kandidaten für die EOS vorgestellt wurden. Susann war nicht dabei. Auch wenn sie die Leistungen hatte, kam das für die neue Lehrerin überhaupt nicht infrage. Da war ich so wütend, da habe ich nicht diskutiert, sondern habe gesagt: ›Mein Kind braucht Ihr Abitur nicht!‹«

Susann nickt ihrer Mutter zu. »Die Dimension dessen habe ich erst später verstanden. Erst mal habe ich mich erkundigt, wie man aus der FDJ rauskommt. Laut Statut gab es diese Möglichkeit gar nicht.«

»Für mich war es so: Der Staat DDR interessiert mich nicht. Ich muss da leben, aber ich muss nicht machen, was die wollen. Ich hatte das Gefühl, die hatten mehr Angst vor mir als ich vor ihnen«, erwidert Monika.

Susann antwortet: »Ich hatte keine Angst, aber ich war Schülerin und die hatten die Macht und die haben mir versaut, was ich wollte: Ärztin werden. Und das ist etwas, was ich ihnen bis heute übelnehme. Auch wenn ich jetzt ganz zufrieden mit meinem Leben bin. Aber ich hätte ein anderes Leben gehabt, wenn die nicht so eine Macht gehabt hätten.« Ihre Stimme klingt sehr emotional.

Susann absolviert nach der zehnten Klasse eine Krankenschwesterausbildung mit Fernstudium beim Kaiserwerther Verband deutscher Diakonissen-Mutterhäuser im Süden der DDR. »Da gab es gar nichts. Ich habe ständig Care-Pakete von zu Hause bekommen. Ich wusste nicht, wie wenig es in Ost-Geschäften gab. Das war ein Schock. Dazu kam die totale Tristesse. Ich habe vom Westen geträumt ... Hochzeitsreise nach Venedig, VW Bully für meine sechs Kinder ... Aber dass es Wirklichkeit werden könnte, ohne Ausreise, das habe ich nicht geglaubt oder geahnt. Das war schon hart da.«

Monika lacht. »Alles gut fürs Leben.«

Susann geht über die Bemerkung hinweg und wendet sich an mich: »Auch im Internat ... Das war ein Diakonissenhaus: sehr strenge moralische Vorschriften, sehr strenge Kontrollen, sehr übergriffig an vielen Stellen. Das war eine andere Form von

Macht, und es war überraschend für mich, dass es von der Kirche kam. Ich habe an der Institution gezweifelt, aber nicht an meinem Glauben.«

Auch Monika spricht nun mich an. »Ich habe das zuerst gar nicht verstanden, was sie damals meinte mit ›diakonischem Lächeln‹.«

»Weil es falsch ist«, unterbricht Susann sie. »Die könnten sich ein Messer irgendwohin stechen und würden immer noch lächeln. Es wurde immer alles unter den Teppich gekehrt. Zum Teil waren sie bitterböse, aber wir mussten uns ständig freundlich anlächeln.«

»Ich kenne viele Nonnen, die waren ganz toll, fröhlich, lustig«, versucht ihre Mutter zu relativieren.

Susann beharrt auf ihrem Standpunkt. »Aber Diakonissen nicht. Die sind sehr gesetzlich, und die Bibel ist nicht gesetzlich. Das ist lebensabgewandt, deshalb sterben die auch aus.«

Monika verschränkt die Arme. »So was hättest du in anderen Internaten aber auch erleben können. Die waren auch streng.«

Susann spricht schneller, erregt. »Es geht mir nicht um die Strenge, sie haben uns erniedrigt. Das geht nicht. Die Geschichte gilt es noch aufzuarbeiten. Es gibt viele, die später richtig krank geworden sind, die in solchen Diakonissenhäusern waren. Das muss innerhalb der Kirche noch aufgearbeitet werden. Ich war siebzehn, als ich da hinkam, aber wir waren ja trotzdem Schutzbefohlene, wir konnten da ja nicht weg. Aber die Ausbildung war super. Das würde ich wieder machen. Aber nie wieder ins Internat.«

»Na, da unten konnte ich halt nichts für dich tun. Zum Glück kam der Mauerfall dann bald.«

Monika arbeitet im Bereich Ausflugs- und Erholungsgebiete. »Für mich war seit 1987 klar, dass die DDR sich nicht mehr lange hält. Wir hatten nichts mehr. Ich war in meiner Abteilung auch zuständig für die Investitionen und Werterhaltung. Es gab einfach kein Material mehr. Kein Werkzeug, kein Ersatzmaterial, keine Fliesen, keine Stahlbehälter für die Toiletten auf den Campingplätzen: nichts, nichts, nichts. Es ging nur noch bergab. Ich blieb da bis zur Wende. Am Ende musste ich das noch abwickeln. Dann wurden wir erst mal alle entlassen. In Berlin wurden alle in staatsnahen Tätigkeiten entlassen und überprüft. Bei mir haben sie nichts gefunden. Danach hab ich im Jugendamt, später Sozialamt gearbeitet, dann das Jobcenter mit aufgebaut.«

Monika erzählt viel. Susann schaut währenddessen auf ihre Finger, wippt mit dem Fuß und fährt sich mit den Händen durch die Haare. Es will sich keine richtig warme, anteilnehmende Atmosphäre einstellen. »Ich finde, das ist das passendste Amt für dich … Da ist immer alles klar, da sind Gesetze und überhaupt: Ordnung. Diese Kombination, das warst du. Das personifizierte Ordnungsamt. Du weißt immer genau, wo es langgeht.«

Monika könnte mit Humor reagieren, aber sie steigt voll darauf ein. »Ich weiß nicht genau, wie du das meinst. Das habe ich bis zur Pensionierung gemacht. Der Mauerfall hat mich eher privat erwischt. Mein Freund aus West-Berlin ist zwölf Jahre in den Osten gekommen, der wusste alles von mir hier, und jetzt konnte, ja musste ich in den Westen, zu ihm. Was erwartet mich? Rein privat. Ob es jetzt im Laden mehr gibt oder nicht, das hat mich nicht interessiert.«

Susann pflichtet ihr bei. »Wir hatten ja wegen ihm auch alles.«

Monika nickt und erzählt weiter. »Samstags bin ich dann nach West-Berlin zu ihm gefahren. Er meinte, ich wäre dran mit dem Kommen. Ich sitz also in der S-Bahn, komme Yorckstraße raus und denke: ›Hier fahren aber heute viele Westwagen.‹ Das werde ich nie vergessen.«

Jetzt lachen Mutter und Tochter. Susann arbeitet damals in einem Krankenhaus in Mitte und wohnt im Prenzlauer Berg in einer besetzten Wohnung. In der Nacht des Mauerfalls arbeitet sie bis spät und erfährt erst am nächsten Tag von den Ereignissen. Sie fährt nach Kreuzberg, geht in einen Buchladen und isst ihren ersten Döner. Vorher holt sie sich die hundert DM Begrüßungsgeld. In dieser Zeit lernt sie ihren zukünftigen Mann kennen. Sie interessieren sich für die politischen Veränderungen, aber sie wollen auch genießen. »Ich hatte kein Problem mit der Entwicklung, ich wollte die Bundesrepublik. Die DDR wollte ich nicht reformieren. Mich hat in den Westmedien fasziniert, dass man immer über alles reden konnte.«

Susann schaut kurz zu ihrer Mutter, als erwarte sie Zustimmung, doch die bleibt still. Susann redet weiter. »Ich habe auch überlegt, was könnte man besser machen? Nicht auf der großen Politikebene, aber in unserem kleinen Leben: Ich habe zum Beispiel zwei Schulen mitgegründet. Ich hatte geheiratet und Kinder bekommen, da interessierte mich die große Politik nicht mehr. Ich wollte diesen vereinigten Staat, ich war zufrieden.«

Nun meldet sich Monika doch wieder zu Wort. »Ich hatte ein Problem mit der politischen Richtung. ›Helmut, Helmut‹ hat mich schon sehr gestört. Ich hatte nach der Grenzöffnung auch ganz oft so ein Fremdschämen für meine ehemaligen Landsleute. Wer sich politische Sendungen vorher im Westfernsehen angeschaut hat, der hat gewusst, dass da nicht alles Gold war, was glänzte. Dass auch im Westen ganz vieles im Argen liegt.«

Susann überlegt. »Ja, stimmt. Krass war, als das westliche Gesundheitssystem über uns kam. Die Krankenschwestern im Westen durften viel weniger als wir. Wir sind degradiert worden an vielen Stellen. Das waren so Momente, da habe ich wieder sehr bedauert, dass ich nicht studieren durfte.«

Monika schaut sie an. »Man kann es aber auch noch mal andersherum sehen. Unabhängig von der politischen Indoktrination sind wir in der DDR wesentlich freier aufgewachsen. Wenn ich nur mal meine Situation sehe: mit siebzehn das erste Kind, mit neunzehn das zweite. Das wäre im Westen eine Katastrophe gewesen. Die BRD hatte eben ein bürgerliches Gesetzbuch, da sind Sachen drin von 1800. Ich hätte zwangsweise eine Beistandshilfe bekommen, der Staat hätte sich in mein Leben eingemischt. Das ist mir in der DDR nicht passiert. Die Frauen waren freier, selbstbewusster, auch mehr belastet natürlich. Ich hatte eine bessere Schulausbildung als meine Cousine im Westen. Meine Cousine hat fünfmal versucht, das Abitur zu machen, weil sie eben genug Geld hatten. Wäre hier alles anders gewesen. Bis 1978 durften sogar die Männer im Westen entscheiden, ob ihre Frauen arbeiten oder nicht.«

Susann lacht auf. »Das hätte sich im Osten kein Mann getraut!«

Monika ergreift ungestüm Susanns Hand. »Da wäre der Mond geplatzt.«

Beide lachen. Dann zieht Monika ihre Hand zurück, wird ernster. »Was eben nicht passiert ist, war, dass man in Ruhe schaut und sich das Beste aus beiden Gesellschaftssystemen herausnimmt. Es war halt so eine wilde Zeit.«

»Hinterher ist man immer schlauer«, sagt Susann. »Manches kam ja auch wieder. Wie wurde anfänglich geschimpft über die Krippen und Kitas. Oder über die Polikliniken. Jetzt heißen sie Ärztehäuser.«

Monika fügt hinzu: »Man hat ja heute ziemlich viele Möglichkeiten: Es gibt eine breite Pressepalette, das gleiche gilt für Parteien. Ich kann hingehen, nachfragen, kritisieren … aber die da hingehen, lassen wenig zu. Es wird immer eingeengter. Insofern ist Einflussnahme schwierig.«

Damit ist Susann nicht einverstanden. »Es gibt so viele Ebenen, über die Politik stattfindet, wo ich die Gesellschaft, in der ich leben will, verändern kann. Demokratie ist für mich, dass ich immer was machen kann, und dass ich auch sagen kann, wenn mir etwas nicht gefällt und dafür nicht in den Knast gehe oder meine Kinder kein Abitur machen dürfen. Und wenn es mir hier nicht gefällt, kann ich woanders hingehen. Ost und West spielt kaum mehr eine Rolle.«

Der Moment der Einigkeit zwischen den Frauen ist vorüber, aber sie halten den Kontakt zueinander, sitzen nicht mehr wie am Anfang wie durch eine Glaswand getrennt.

»Die Westdeutschen haben Frust, weil die denken, dass das mit der deutschen Einheit zusammenhängt, dass es ihnen jetzt schlechter geht. Die kommen gar nicht auf die Idee, dass sich die Welt geändert hat«, sagt Monika und es hört sich fast vergnügt an.

Susann schüttelt den Kopf. »Echt, meinst du? Glaube ich nicht. Ist doch egal, wo die Leute herkommen. In unserer Generation ist keiner der Meinung, dass das mit der Wende zu tun hat.«

Monika verdreht spöttisch die Augen. »Das sagen die doch nicht, Susann: Das ist das Gefühl!«

»In unserer Generation ist das nicht das Gefühl!« Susann schüttelt den Kopf.

Monika beginnt zu argumentieren. »Die haben zum Beispiel gar nicht geschnallt, dass der Solidaritätsbeitrag im Osten wie im Westen gezahlt wird. Die denken, sie bezahlen das für den Osten. Die denken immer nur darüber nach, wie viel die Wende gekostet hat und nicht, was sie alles gebracht hat.«

»Das ist doch wie im Osten, die Leute, die nur rumjammern«, hält Susann dagegen. »Unabhängig von Arbeitslosenzahlen, den meisten geht es ja trotzdem gut. Kohl hat gesagt, es wird blühende

Landschaften geben, und wenn man sich den Osten anguckt, sind es größtenteils blühende Landschaften.«

»Oberflächlich gesehen«, wirft Monika ein.

»Trotzdem ist doch viel passiert«, hält ihre Tochter dagegen. »Für die Generation meiner Kinder spielt das alles keine Rolle mehr. Wir zwei sind ja schon unterschiedlich. Für mich war 1989 das Leben offen, ich konnte ja nichts verlieren, weil ich nichts hatte. Das war für dich schon anders!«

Monika protestiert. »Ich hab nichts verloren.«

»Am Ende ging es dann weiter für dich. Viele andere in deiner Generation haben aber ihren Job verloren. Und meine Kinder können damit gar nichts mehr anfangen.«

Monika unterbricht sie, sie wird lauter. »Wie sieht die Zukunft aus?«

Auch Susann wird nun lauter. »Das wissen wir ja sowieso nicht. Es wird eine andere Welt, aber die Jungen wachsen da ja rein. Es wird eher für uns hart. Wir werden irgendwann draußen stehen und sagen: Ich verstehe es nicht mehr.«

»Aber man kann sich ja darüber Gedanken machen«, setzt Monika nach.

In dem Moment wird die Eingangstür aufgeschlossen. Susanns Freund Christoph steckt kurze Zeit später seinen Kopf durch die Zimmertür. »Ihr sitzt ja noch. Und ohne zu streiten. Schön, dass ihr das geschafft habt.« Er geht in die Küche und kommt tatsächlich mit einer Flasche Sekt ins Zimmer. Die Frauen schauen sich an und versuchen, sich von seiner guten Laune anstecken zu lassen. Christoph will Susann umarmen, doch die entzieht sich ihm. Er schaut ihr in die Augen. Sie stoßen an. Monika lacht. Susann setzt sich mit ihrem Glas auf das Sofa und nippt am Sekt.

Ein paar Monate später bin ich noch einmal in ihrer Gegend. Wo das Altersheim abgerissen wurde, prangt nun eine große Lücke. Susann steckt mitten in Prüfungen für ihren Theologie-Abschluss, sie hat wenig Zeit. »Gegen die zwingende Ordnung eines Ordnungsamtes hat man keine Chance, auch wenn einem nicht alles richtig vorkommt, was es tut. So ist das mit meiner Mutter und mir.« Susann lacht, diesmal wirklich herzlich. Sie wird ihre Prüfung schaffen.

Zu den Fotografien von Ute Mahler

Die im Buch enthaltenen Fotos von Ute Mahler sind nicht im Kontext der hier abgedruckten Gespräche entstanden; die Porträtierten sind nicht die Personen, deren Gespräche hier wiedergegeben werden. Die Bilder stammen aus dem Fotoband »Zusammenleben«. Sie machen sichtbar, auf welch verschiedene Weise Menschen miteinander Alltag erfahren, und zeigen, was zwischen den Zeilen ungesagt und in subtilen Stimmungen eingefangen bleibt. Sie erzählen poetisch und doch ungeschönt vom Leben in der DDR – und darüber hinaus in den letzten dreißig Jahren. Wir danken Ute Mahler für die Genehmigung zum Abdruck.

Glossar

17. Juni 1953: In den Tagen um den 17. Juni 1953 kam es in der DDR zu einer Welle von Streiks, Protesten und Demonstrationen, in denen politische und wirtschaftliche Reformen gefordert wurden. Der Arbeiter- oder Volksaufstand wurde mithilfe der Sowjetarmee niedergeschlagen.

13. August 1961: Tag des Mauerbaus.

AfD: Alternative für Deutschland, 2013 gegründete rechtspopulistische, in Teilen rechtsextreme politische Partei.

Aktuelle Kamera: Haupt-Nachrichtensendung der DDR, kurz AK genannt, deren nationale wie internationale Berichterstattung stark kontrolliert wurde und die ein wichtiges Propaganda-Instrument darstellte. Die Ausstrahlung der Sendung begann jeden Tag um 19.30 Uhr und endete um 20 Uhr. Viele DDR-Bürger sahen erst die Aktuelle Kamera und verglichen das Gesagte dann mit den Aussagen der westdeutsche Tagesschau, die um 20 Uhr begann und von den meisten DDR-Haushalten empfangen werden konnte. Der Sprachstil der Sendung war durch die Aufzählung der Titel der handelnden Personen gekennzeichnet, sowie durch äußerst lange Schachtelsätze, die dem Nachrichtensprecher eine gute Sprecherziehung und dem Zuhörer Konzentration abverlangten.

Al Dschasira (Al Jazeera): 1996 gegründeter arabischer Nachrichtensender mit Sitz in Katar.

Das Leben der Anderen: Umstrittener, oscarprämierter deutscher Spielfilm von Florian Henckel von Donnersmarck über den Staatssicherheitsapparat und die Kulturszene Ost-Berlins, 2006. Obwohl der Film für seine packende Handlung und die schauspielerischen Leistungen viel Lob und Preise erhielt, stellt es für viele Ostdeutsche ein gravierendes Problem dar, dass Film und Regisseur bis heute den Anspruch historischer Wahrhaftigkeit erheben (er wird sogar als Lehrfilm in Schulen eingesetzt), dabei aber nachweislich historisch ungenau erzählen.

Der Schwarze Kanal: Von 1960 bis 1989 eine der bekanntesten und umstrittensten Sendungen des Fernsehens der DDR, dessen Aushängeschild der Moderator Karl-Eduard von Schnitzler war. Das Polit-Magazin war als polemische Konterpropaganda konzipiert und sollte die Verlogenheit der westlichen Politik an beispielhaften Informationen des westdeutschen Fernsehens entlarven. Begrüßt wurde das Magazin nur von linientreuen SED-Kadern, das Fernsehpublikum lehnte Schnitzlers Hasstiraden gegen den »Klassenfeind« größtenteils ab.

Die Unberatenen – Ein Wendekinderporträt: Dokumentarfilm von Dörte Grimm, 2015.

Dritte Generation Ost: Die Bezeichnung Dritte Generation Ost(deutschland) ist ein soziologisches Konstrukt. Sie wird oft in Abgrenzung zur in der DDR sozialisierten Elterngeneration verstanden und auf die 1975 bis 1985 geborenen Jahrgänge angewendet.

DSF: Gesellschaft der Deutsch-Sowjetischen Freundschaft, 1949 gegründete Massenorganisation der DDR, die der nach dem Zweiten Weltkrieg weit verbreiteten antisowjetischen Haltung der Bevölkerung entgegenwirken sollte. Neben politischer Agitation bemühte sich die DSF um zahlreiche Sport- und Kulturveranstaltungen in Städten, Gemeinden und Schulen.

DSU: Deutsche Soziale Union; 1990 gegründet, war sie als Teil des Wahlbündnisses Allianz für Deutschland an der letzten DDR-Regierung beteiligt. Später näherte sich die Partei dem rechtspopulistischen Spektrum an. Sie erzielt seit Mitte der 1990er Jahre nur noch Wahlergebnisse von weniger als einem Prozent.

EOS: Erweiterte Oberschule, Gymnasium in der DDR.

Exquisit: Läden für Luxusartikel, die ab 1962 das Versorgungsniveau in der DDR verbessern sollten. Das Angebot beschränkte sich auf exklusive Bekleidungsartikel, Schuhe und Kosmetika, die für viele Bürger so teuer waren, dass man die Läden auch »Uwubus«, »Ulbrichts Wucherbuden«, nannte (nach Walter Ulbricht, ehemaliger Staatsratsvorsitzender der DDR).

FDJ: Freie Deutsche Jugend, einzige staatlich anerkannte und geförderte Jugendorganisation der DDR. Erste Gruppen der FDJ gab es, zum Beispiel in Frankreich, schon vor dem Zweiten Weltkrieg. Nach dem Krieg wurde sie als antiimperialistische Jugendorganisation in der sowjetischen Besatzungszone 1946 neu gegründet. Offiziell auf dem Prinzip der Freiwilligkeit basierend, hatten Nichtmitglieder doch bald erhebliche Nachteile bei der Zulassung zu weiterführenden Schulen sowie bei der Studien- und Berufswahl zu befürchten und waren zudem starkem Druck durch linientreue Lehrkräfte ausgesetzt. Die FDJ-Kleidung war das Blauhemd (oder -bluse) mit dem FDJ-Emblem der aufgehenden Sonne auf dem linken Ärmel. Für die einen war es eine Ehre, dieses Hemd zu tragen, für die anderen eher eine lästige Pflicht. Der Gruß der FDJler lautete »Freundschaft«. Sabine Michel erinnert sich gern an die gemeinsamen Unternehmungen mit ihren Klassenkamerad*innen – das Blauhemd vergaß sie dabei öfter, wofür es regelmäßig Ermahnungen vom Klassenlehrer gab. Die zu absolvierenden militärisch anmutenden Appelle und Demonstrationen kamen ihr hingegen sinnentleert vor.

GST: Gesellschaft für Sport und Technik, von 1952 bis 1990 vormilitärische Massenorganisation der DDR. Die GST war Dachverband für technische Sportarten, die an Schulen, Universitäten und in den Betrieben durchgeführt wurden. Ab 1968 verschob sich der Fokus des Unterrichts zugunsten einer »sozialistischen Wehrorganisation«, die ihre Schüler darauf vorbereitete, die DDR notfalls auch »mit der Waffe in der Hand« zu verteidigen. In der GST war es möglich, umsonst den Führerschein zu machen, was viele Jugendliche lockte, den Aufnahmeantrag zu unterschreiben.

IM: Inoffizieller Mitarbeiter des Ministeriums für Staatssicherheit. Im Jahr 1989 waren laut dem Historiker Ilko-Sascha Kowalczuk etwa 110 000 Inoffizielle Mitarbeiter tätig. Als Motive für die Kooperation ermittelte der Politikwissenschaftler Helmut Müller-Enbergs vor allem politische Ideale. Geld habe nur eine untergeordnete Rolle gespielt, auch erpresste Zusammenarbeit mit dem DDR-Spitzelapparat sei selten gewesen. Ins Visier des Ministeriums für Staatssicherheit gerieten Büger der DDR, wenn Verdacht auf politischen Widerstand gegen die SED, Spionage oder Republikflucht bestand.

LPG: Landwirtschaftliche Produktionsgenossenschaft in der DDR, 1952 gegründet, anfänglich teilweise freiwilliger, später durch »Zwangskollektivierung« eher unfreiwilliger Zusammenschluss von Bauern und Bäuerinnen und deren Produktionsmitteln sowie anderer Beschäftigter zur gemeinschaftlichen agrarischen Produktion in der DDR, Auflösung nach 1990.

LTI: »LTI – Notizbuch eines Philologen«, 1947 erschienenes Werk von Victor Klemperer, das sich mit der Sprache des Dritten Reiches befasst. Klemperer kommt zum Ergebnis, dass die Sprache in der Zeit des Nationalsozialismus die Menschen weniger durch einzelne Reden, Flugblätter oder Ähnliches beeinflusst habe als vielmehr durch die stereotype Wiederholung der immer wieder gleichen, mit nationalsozialistischen Vorstellungen besetzten Begriffe. Populäre Lektüre in der DDR.

MAG: Maßnahme zur Aktivierung und beruflichen Eingliederung eines Arbeitnehmers. Um festzustellen, ob ein potenzieller Arbeitnehmer für eine zu besetzende Stelle geeignet ist, kann mit Abstimmung des Jobcenters eine MAG zur Arbeitserprobung bei einem Arbeitgeber durchgeführt werden.

MfS: Ministerium für Staatssicherheit, 1950 gegründete Geheimpolizei, Ermittlungsbehörde und Auslandsnachrichtendienst der DDR in einem, kurz »Stasi«. Das MfS ist der einzige Geheimdienst der deutschen Geschichte, dessen Aktivitäten umfassend aufgedeckt und aufgearbeitet wurden.

Montags in Dresden: Kino-Dokumentarfilm von Sabine Michel, 2017, solo:film (www.solofilmproduktion.de/blog/montagsindresden).

Nationale Front: 1949 gegründet, Zusammenschluss der Parteien und Massenorganisationen in der DDR, zu dem Vertreter aller Parteien und größeren gesellschaftlichen Organisationen gehörten, deren Ausschüsse auf Landes-, Bezirks-, Kreis-, Stadt-, Orts- und Wohngebietsebene wirkten.

NVA: Nationale Volksarmee, Heer der DDR von 1956 bis 1990. In der DDR herrschte allgemeine anderthalbjährige Wehrpflicht für alle jungen Männer zwischen dem 18. und 26. Lebensjahr.

PDS: Partei des Demokratischen Sozialismus, Nachfolgepartei der SED, nach ihrer Fusion mit der WASG (Arbeit & soziale Gerechtigkeit – Die Wahlalternative) seit 2007 Partei Die Linke.

Pegida: »Patriotische Europäer gegen die Islamisierung des Abendlandes«, rechtspopulistische Organisation, die seit Oktober 2014 in Dresden und anderen Städten zu Demonstrationen aufruft. In den ersten Jahren waren diese Veranstaltungen ein Sammelbecken für Kritik und Unzufriedenheit mit sehr verschiedenen gesellschaftlichen Themen. Groß wurde die Bewegung 2015 im Zuge der Entscheidung der Bundesregierung, Geflüchtete in Deutschland aufzunehmen. Seit 2019 gewinnen das Thema Klimawandel und die damit einhergehenden gesellschaftlichen Veränderungen an Bedeutung.

Pioniere: Die Pionierorganisation »Ernst Thälmann«, 1948 gegründet, war eine politische Massenorganisation für Kinder und als Teil des einheitlichen sozialistischen Schulsystems in der DDR fest in die Schulen integriert. Sie bildete die Vorstufe zur Mitgliedschaft in der FDJ. Die Jungpioniere trugen ein blaues Halstuch, Thälmannpioniere ein rotes. Dörte Grimm hat nie gelernt, wie man das Pionier-Halstuch richtig bindet. Auch konnte sie damals noch nicht erkennen, warum diese Symbole so wichtig waren. Auf alten Fotos sieht sie allerdings sehr stolz aus mit ihrem blauen Halstuch. An den Pionier-Nachmittagen wurde oft gebastelt. Einmal hat die Klasse eine Holocaust-Überlebende in Wittstock besucht – ein Erlebnis, das sie lange nicht einordnen konnte.

POS: Polytechnische Oberschule, Grund- und Sekundarschule in der DDR.

Ralf Schröder / »Schröder-Lucht-Gruppe«: 1959 wurde Ralf Schröders Dissertation auf einer Tagung der slawistischen Literaturwissenschaftler als »Revision der Theorie des sozialistischen Realismus« verurteilt. Es kam zum Prozess gegen die sogenannte »Schröder-Lucht-Gruppe«, die aus Sprachwissenschaftlern, Schriftstellern und Slawisten bestand. Die Gerichtsverfahren gegen die Mitglieder der Gruppe standen im Zusammenhang mit einer Repressionswelle der DDR-Führung nach dem ungarischen Aufstand und dem polnischen Führungswechsel zu Gomułka; es wurden Haftstrafen verhängt. Die Repressionswelle hatte bereits im März 1957 zu ähnlichen Urteilen gegen den Leiter und den Cheflektor des Aufbau-Verlags, Walter Janka und Wolfgang Harich, geführt (»Gruppe Harich«). Sechs Jahre saß Ralf Schröder im Gefängnis Bautzen II ab, 1964 kam er im Rahmen einer allgemeinen Amnestie frei. Eine Rückkehr in eine wissenschaftliche Tätigkeit wurde ihm jedoch verwehrt.

SED: Sozialistische Einheitspartei Deutschlands, 1946 in der sowjetischen Besatzungszone gegründet.

Solo Sunny: Spielfilm von Konrad Wolf (Buch: Wolfgang Kohlhaase), DEFA 1980. Noch heute idendifiziert sich eine bestimmte Frauengeneration mit dem unbändigen Freiheits- und Selbstbestimmungswillen der »Sunny«, im Film verkörpert von der unvergesslichen Renate Krößner.

Sprelacart: Markenname für mit Kunstharz gebundene Schichtstoffplatten, die in der DDR produziert und für Küchen-, Schul- und Labormöbeln sowie Wandverkleidungen genutzt wurden.

Stasi: kurz für Ministerium für Staatssicherheit (siehe MfS).

Tatra: Der Tatra 603 ist ein Luxuswagen des tschechoslowakischen Automobilherstellers Tatra. Als repräsentatives Fahrzeug stand er im Ostblock hochrangigen Personen und Institutionen der Gesellschaft durch Zuteilung zur Verfügung.

Timur und sein Trupp: Der bekannteste Roman des russischen Schriftstellers Arkadi Gaidar, 1940 veröffentlicht, war Lektüre im DDR-Schulunterricht. Der 14-jährige Timur leistet als Anführer einer Gruppe Gleichaltriger heimliche Nachbarschaftshilfe für Angehörige und Witwen von Frontsoldaten der Roten Armee. In der Geschichte werden vor allem Hilfsbereitschaft, Zusammenhalt und Freundschaft thematisiert.

Trabant Kübel: Der Trabant 601 war das dritte und meistgebaute Modell der in der DDR hergestellten Trabant-Baureihe. Ab 1967 wurde der »Kübel (601 A+F)« produziert, er diente als Militärfahrzeug der NVA und GST. Auch international steht der Trabant bis heute als geschichtsträchtiges Symbol für DDR und Maueröffnung.

Volkskammer: Von 1959 bis 1990 das Parlament und höchste Verfassungsorgan der DDR.

Wachregiment »Feliks Dzierzynski«: Paramilitärischer Verband und Teil der bewaffneten Organe der DDR (1954–1990), seit 1967 nach dem Gründer der sowjetrussischen Geheimpolizei Tscheka benannt. Das Wachregiment unterstand dem Ministerium für Staatssicherheit der DDR, seine Aufgaben umfassten vor allem den militärisch-operativen Wach- und Sicherheitsdienst an Staats- und Parteieinrichtungen in Ost-Berlin und Umgebung. Ihm unterstanden 1989 mehr als 11 000 Mann.

ZK der SED: Zentralkomitee der SED, das höchste Organ der Partei, das deren gesamte politische Tätigkeit leitete. Mitglieder des ZK standen über den Ministern, ZK-Sekretäre und Abteilungsleiter waren gegenüber den staatlichen Ministern weisungsbefugt. Die Generalsekretäre bzw. Ersten Sekretäre des ZK waren Walter Ulbricht, Erich Honecker und Egon Krenz.

Zonenmädchen: Kino-Dokumentarfilm von Sabine Michel, 2013, It Works! Medien (https://mindjazz-pictures.de/filme/zonenmaedchen/).

Zweite Generation Ost(deutschland): Zu verstehen in Abgrenzung zur Dritten Generation Ost. Als Zweite Generation Ost wird die Elterngeneration verstanden, die in der DDR geboren, sozialisiert, ausgebildet und berufstätig wurde.

Dank

Sabine Michel und Dörte Grimm danken allen Gesprächspartner*innen für ihr Vertrauen und ihren Mut.

Sabine Michel dankt Ute Mahler und der Agentur Ostkreuz, ihren Eltern und Reinhard Göber.

Dörte Grimm dankt ihren Eltern.

Außerdem danken wir Toni Steinmüller, Dr. Robert Grünbaum, Jana Hensel, Claudia Grimm, Katrin Warnstedt, Maike Nedo, unserer Lektorin Gabriele Dietz und unserem Verlag.

Die Autorinnen

SABINE MICHEL, 1971 in Dresden geboren, geht 1990 mit dem letzten Ost-Abitur nach Paris. Nach einem Studium der Angewandten Theaterwissenschaft studiert sie Filmregie in Potsdam-Babelsberg. Ihr Kurzfilm »Hinten scheißt die Ente« führt als Publikumserfolg zu ihrem ersten Langspielfilm »Nimm dir dein Leben«, 2005. Seitdem arbeitet sie für Kino und Fernsehen, porträtierte die Schauspielerin Corinna Harfouch, die Fotografin Sibylle Bergemann – ausgezeichnet mit dem Adolf-Grimme-Preis – und erzählt in »Zonenmädchen« von ihrer eigenen Generation. In »Montags in Dresden« begleitet sie drei Menschen, die an Pegida-Demonstrationen teilnehmen. Sabine Michel arbeitet auch als Autorin und Regisseurin am Theater.

DÖRTE GRIMM, 1978 in Pritzwalk/Brandenburg geboren, studierte Publizistik, Geschichte und Ethnologie in Berlin. Seit 2008 arbeitet sie als Autorin und Filmemacherin. Sie schreibt Kinderbücher, dreht dokumentarische Formate und arbeitet für das Fernsehen. Seit 2015 engagiert sie sich ehrenamtlich im Verein Perspektive hoch drei / Dritte Generation Ostdeutschland, der 2020 die Theodor Heuss Medaille erhielt. Ihren Dokumentarfilm »Die Unberatenen. Ein Wendekinderporträt« widmete sie Menschen ihrer eigenen Generation.

Raphael Thelen · Thomas Victor

Straße der Träume
Ein Roadtrip auf der B96

224 Seiten, Paperback, 70 farb. Abb.
ISBN 978-3-86124-715-9
Buch 18,– € / E-Book 12,99 €

Eine Kooperation mit **SPIEGEL** ONLINE

Irgendwann hatten Raphael Thelen und Thomas Victor genug von den immer gleichen Klischees über Ostdeutschland. Also brachen sie in ihrem verbeulten Kombi zu einem Roadtrip entlang der Bundesstraße 96 auf, um sich ein eigenes Bild zu machen.

Auf der einst wichtigsten Fernstraße der DDR reisten sie aus dem tiefsten Sachsen über Berlin bis zu den weiten Horizonten der Ostsee. Unterwegs trafen sie Flussschiffer und Hausbesetzer, Tätowierte und Rektorinnen, Barfrauen und Popmusiker und stellten ihnen allen die gleiche Frage: Wovon träumst du? Sie entdeckten überraschend viel Optimismus und Gemeinschaftssinn, und Kilometer für Kilometer veränderte sich ihr Blick auf Ostdeutschland und seine Bewohner.

»Ein hochinteressantes Reportagebuch!« *Antenne Brandenburg*

»Den Menschen, die sie trafen, stellten sie stets dieselbe Frage: Wovon träumst du? Die Antworten und vor allem die eindrucksvolle Alltagsfotografie lassen den Osten schillern und zeigen, wie unterschiedlich die Menschen über ihr Land denken und wie sie sich die Zukunft vorstellen.« *Geo Saison*

»Thelen ist manchmal so nah dran, dass es weh tut. Victor bildet den Alltag so unaufgeregt, trostlos oder komisch ab, wie er eben gerade ist. Das Buch klärt einmal mehr, was ein Land, eine Region, eine Stadt ausmacht: die Menschen.« *NZZ*

Hans-Dieter Schütt

Andreas Dresen
Jeder Film ein neues Leben

288 Seiten, Festeinband, 30 Abb.
ISBN 978-3-89809-172-5
Buch 22,– € / E-Book 16,99 €

Andreas Dresen zählt zu den bekanntesten und international erfolgreichen Regisseuren in Deutschland. Seine preisgekrönten Filme beschäftigen sich immer wieder mit den oft unscheinbaren Abgründen des Alltags und mit dem Verhältnis von Ost und West.

In diesem Buch spricht Dresen offen und ausführlich über sein Leben, seine künstlerische Arbeit und seine Ansprüche an eine gelingende Existenz. So blickt der Leser nicht nur hinter die Kulissen des Kinos, sondern erfährt auch von den Bemühungen, beim Leben nicht in den falschen Film zu geraten.

> »Dresen macht das Selbstverständnis vieler Ostdeutscher mit Geschichten von Anpassung und Widerstand zum Thema. Plakative politische Aussagen sind ihm fremd – aber seine Filme sind immer auch getragen von Respekt für den anderen und von demokratischen Werten.« *Theodor-Heuss-Preis 2020*

> »Der große Realist des deutschen Kinos.« *Süddeutsche Zeitung*

> »Andreas Dresen hat ein Auge für die Normalität, für gebrochene Figuren, liebenswerte Antihelden, Bewältiger des Alltags.« *Der Spiegel*

Irrtümer und Preisänderungen vorbehalten.